“郭沫若与世界文化”高端学术论坛论文集

暨纪念郭沫若诞辰125周年活动纪实

赵笑洁　主编

当代中国出版社
Contemporary China Publishing House
2018年 · 北京

图书在版编目(CIP)数据

“郭沫若与世界文化”高端学术论坛论文集暨纪念郭沫若诞辰125周年活动纪实 / 赵笑洁主编. -- 北京：当代中国出版社，2018.11

ISBN 978-7-5154-0891-0

Ⅰ. ①郭… Ⅱ. ①赵… Ⅲ. ①郭沫若（1892-1978）—人物研究—文集 Ⅳ. ① K825.6-53

中国版本图书馆CIP数据核字（2018）第261725号

出 版 人　曹宏举
策划编辑　王延新
责任编辑　王延新
责任校对　康　莹
装帧设计　信宏博
出版发行　当代中国出版社
地　　址　北京市地安门西大街旌勇里8号
网　　址　http://www.ddzg.net　邮箱：ddzgcbs@sina.com
邮政编码　100009
编 辑 部　（010）66572264　66572154　66572132　66572180
市 场 部　（010）66572281　66572161　66572157　83221785
印　　刷　北京润田金辉印刷有限公司
开　　本　787毫米×1092毫米　1/16
印　　张　8.25印张　28插页　123千字
版　　次　2018年11月第1版
印　　次　2018年11月第1次印刷
定　　价　49.00元

“郭沫若与世界文化”高端学术论坛在埃及举办

论坛参加者合影

《郭沫若全集·补编》成果研讨会与会者在郭沫若纪念馆合影

中华文化名人郭沫若展厅落户埃及苏伊士运河大学

“时代印记”郭沫若诞辰125周年纪念展在郭沫若纪念馆开幕

郭沫若纪念地之北京郭沫若纪念馆

郭沫若纪念地之乐山郭沫若纪念馆

郭沫若纪念地之重庆郭沫若纪念馆

目录

CONTENTS

学术研讨

主旨报告

大会发言

学者影像

活动纪实

纪念郭沫若诞辰125周年系列活动

国内郭沫若纪念地纵览

展板设计

学术研讨

主旨报告

中国文学研究四十年思潮

刘跃进

摘要：本文从文学理论热点、当代文学思潮、文学史及文学史料研究和文学普及工作等四个方面，回顾过去四十年中国文学研究的趋势、取得的成绩以及存在的一些有待解决的问题。首先，在文学理论热点方面：马克思主义文艺学和美学理论研究仍居指导地位，西方马克思主义文艺理论研究成为近年研究的热点，文学理论基础问题的研究有所增强，跨学科研究逐渐兴起。其次，在当代文学思潮方面：学界围绕当代文学创作展开了许多相关理论问题的研讨，有针对性的文学批评工作日益活跃，学界开始总结探索中国当代文学经验，新兴媒介所引发的许多新文学的现象得到关注。再次，在文学史及文学史料研究方面：纵向的历时性研究持续升温并引发“细读文本、重回经典”的学术思潮，横向的共时性研究成果丰硕，学界开始关注多民族文学、民间文学、台港澳地区暨海外华文文学，综合文献研究以系统整理史料工作为主，引发了一系列新的研究课题。最后，在文学普及工作方面，选编历代文学经典作品是现阶段正在进行的主要工作。回顾过去的学术研究工作，在坚持为人民做学问的前提下，学术工作者达成如下共识：第一，坚持学术研究的原创性与时代性；第二，坚持学术研究的系统性与专业性；第三，坚持学术研究的继承性和民族性。

关键词：文学理论热点，当代文学思潮，文学史及文学史料研究，文学普及工作

Forty years of trend in Chinese literary studies

Liu Yuejin

Abstract: This paper reviews the general trend of Chinese literary studies, the achievements and the problems that need to be solved in the past four decades in four aspects: hot issues of literary theories, contemporary literary trend of thoughts, studies on literature history and literary historical data, popularization of literature. First of all, in the hot issues of literary theories: Marxist literature and aesthetics theory research is still the guiding position, the western Marxist theory of literature and art has become a hot topic in recent years, the study of the basis of literary theory has been enhanced,and interdisciplinary research is on the rise. Secondly, in the contemporary literary trend of thoughts: The academic circles have carried out many discussions about literary theories around contemporary literary creation, targeted literary theory research and literary criticism has gradually developed, the academic community began to sum up the exploration of contemporary Chinese literature experience, many new literary phenomena caused by the new media have been paid attention to. Thirdly, in the studies on literature history and literary historical data: the vertical diachronic research has a long history and has led to the "return to the classic" academic thought, the study of horizontal synchronic is fruitful, academics began to pay attention to national literature, folk literature, chinese literature in Hongkong, Taiwan and overseas, comprehensive literature research is mainly based on systematic arrangement of historical materials which leds to a series of new research topics. Finally, in the popularization of literature, the selection of classical works of ancient literature is the main work that is being carried out at this stage.In reviewing our academic research work, scholars have reached a consensus on the premise of learning for the people: First, adhere to the originality and times of academic research; second, adhere to the systematicness and professionalism of academic research; Third, adhere to the inheritance and nationality of academic research.

Key words: hot issues of literary theories; contemporary literary trend of thoughts; studies on literature history and literary historical data; popularization of literature

引言：写作背景

近年，中国社会科学院文学研究所迎来三个六十周年，一是2013年的建所六十周年，二是2014年《文学遗产》创刊六十周年，三是今年《文学评论》创刊六十周年。再往前推若干年，时值世纪之交。由于这些特定历史节点的缘故，我曾对中国文学研究的学术历史作过比较系统的梳理，[①] 也组织过若干纪念活动，并编纂纪念文集。[②] 有兴趣的读者，不妨把这些文章联系起来看，确实可以看出近百年来中国文学研究界一些重要变化。概括起来主要有下列五点：

第一，21世纪前后，学术界对于刚刚过去的百年历程充满好奇，渴望探索。无论是对文学创作经验的总结，还是对文学研究业绩的梳理，都成为一时的研究热点。

第二，20世纪中国文学研究的经验教训，昭示着这样一个基本事实：推动学术质变的关键因素是观念的更新。21世纪中国文学研究向何处发展、马克思主义文艺理论中国化等问题成为当前关注的核心。

---

① 2002年底，我曾应邀在韩国首尔大学作演讲，以1997年至2002年间的中国古典文学研究作为探讨对象，题作《世纪之交的中国古典文学研究》，原载韩国中国语文学会编《中国文学》第38辑，2002年11月版。又载《周口师范学院学报》2003年3、4、6期。现已收入拙著《走向通融——世纪之交的中国古典文学研究》，知识产权出版社2005年版。2007年，应《中国人文社会科学前沿报告》编委会之约，就2002年至2006年间中国文学研究的发展状况作一宏观描述，故有《新世纪中国文学研究的主要趋向》的命题作文，后发表在《文史哲》2007年第5期。现已收入拙著《回归与超越——文学史研究的多种可能性》，凤凰出版社2008年版。

② 为庆祝文学所成立六十周年，我主持编纂了五部纪念文集：一是采访集《甲子春秋——我与文学所六十年》，二是资料集《文学研究所所志》，三是《告别一个时代——樊俊先生纪念文集》，四是演讲集《翰苑易知录》，五是《岁月熔金》（二编）。此外还有《〈文学遗产〉六十年纪念文汇》《〈文学遗产〉六十年纪事初编》等。

第三，在中国文学研究现代化的进程中，学科意识的强化与学科的确立无疑是最重要的业绩之一，实现了与国际学术界同步接轨的最初目标。在充分肯定成就的同时，也出现了一些值得反思的问题。因此，21世纪中国文学研究的一个重要方面就是对固有学科的清理整合。

第四，在清理整合学科的过程中，一方面是对于过去专业划分过细的弊端有所反思，强调综合研究的重要性，另一方面又有一种回归传统、回归文学经典、强化个案研究的倾向。

第五，21世纪的研究呈现出转型迹象，也提出了转型时期若干重要的问题，包括最基础的问题，譬如什么是文学，文学的职能是什么，以什么样的尺度评判文学，以什么样的方法研究文学。在此基础上，还有一些习以为常的问题也应重新给予审视。譬如，文学研究与现实的关系，文学研究与传统的关系，文学研究与市场的关系，文学观念与文学史料的关系，坚守文学与拓展领域的关系，文学研究的普及与提高的关系，等等。这就涉及文学研究的思想原则、学术方法和研究态度等方面，事实上也已经成为当时的热点问题和焦点问题。

而今，又是十年过去。

2017年，中国社会科学院迎来建院四十周年大庆，要求我们对过去四十年中国文学研究的主要趋势略作回顾。实际上，文学研究所的历史早于院部，成立于1953年，最初隶属北京大学，1955年归属中国科学院，1977年才归属中国社会科学院。文学研究所设有文艺理论、马克思主义文学理论与批评、古代文学、近代文学、古典文献学、现代文学、当代文学、比较文学、民间文学、台港澳文学、数字信息等研究室；主办《文学评论》《文学遗产》《中国文学年鉴》等三份刊物；代管中国中外文艺理论学会、中国文学批评研究会、中华文学史料学学会、中国近代文学学会、中国现代文学研究会、中国当代文学研究会、中国鲁迅研究会等七个全国性学术社团；另设马克思主义文艺与文化批评研究中心、世界华文文学研究中心、比较文学研究中心和民俗文化研究中心等三个非实体研究中心。可以说，文学研究所学科齐全，几乎涵盖了中国文学研究的所有学科。

在此，我想以文学研究所科研工作为中心，结合本所主管的三份学术刊物、七个全国性学术团体、三个非实体研究中心的学术活动，尝试着从一个侧面回顾一下改革开放四十年来中国文学研究的主要趋向、取得的成就以及存在的问题。凡是其他文章中已经论述过的内容，这里暂且略而不论。

一、文学理论热点

理论研究从来都是一个时代思想的风向标。文学所的马克思主义文学理论与批评、文艺理论、比较文学、民间文学等研究室承担着当代诸多文学理论问题研究的重任。

（一）巩固马克思主义在文学研究中的指导地位

马克思主义文艺学和美学理论研究历来是文学研究所的科研重点。文学理论组首任组长蔡仪在20世纪40年代发表的《新艺术论》和《新美学》，明确提出马克思主义在文学研究中占主导地位的原则，从根本上解决了文学研究的思想方法问题。这与此前主要以进化论为圭臬的思潮形成鲜明对照。五六十年代，蔡仪主编的《文学概论》，是新中国成立后第一批规范的高校文科教材，具有鲜明中国特色的马克思主义文艺学专著，产生了广泛的影响。世纪之交，钱中文、王春元、杜书瀛等撰写的《文学原理·发展论》《文学原理·作品论》《文学原理·创作论》[①]，侯敏泽的《中国文学理论批评史》[②]《中国美学思想史》[③]，杜书瀛、钱竞主编的《中国20世纪文艺学学术史》[④]，王善忠主编的《马克思主义美学思想史》[⑤]，许明主编的《华夏审美风尚史》[⑥]等，继承马克思主义文艺理论研究的传统，围绕着人性、人道主义、文学主体性、人文精神等问题展开了广泛讨论。

2009年文学研究所成立了马克思主义文学理论研究中心，与全国马克思主义文艺理论研究会、中国中外文艺理论学会通力合作，开展了许多活动。2010

① 《发展论》《作品论》《创作论》三书，社会科学文献出版社1989年版。
② 《中国文学理论批评史》，人民文学出版社1981年版。
③ 《中国美学思想史》，齐鲁书社1987年版。
④ 《中国20世纪文艺学学术史》凡4部5卷，中国社会科学出版社2007年版。
⑤ 《马克思主义美学思想史》凡4部，中央编译出版社1999年版。
⑥ 《华夏审美风尚史》凡11部，河南人民出版社2000年版。

年以来，该中心主要成员参加了“中央实施马克思主义理论研究与建设工程”的研究工作，是我院参加该工程人数最多的单位之一。同时，积极参与马克思主义人才队伍建设，招收“马克思主义理论骨干人才计划”的博士研究生，培养了一批新锐的专业理论人才。

2014年，我院实施马克思主义文学理论与批评创新工程，中国社会科学院以副院长张江为会长，牵头成立了“中国文学批评研究会”。同年9月，文学研究所马克思主义文学理论与文学批评研究室正式成立。除日常研究外，每年为《中国文学年鉴》撰写《马克思主义文艺理论研究综述》，为院《马克思主义理论学科前沿研究报告》撰写《马克思主义文艺理论研究前沿报告》。同时，还承担院“马克思主义文艺理论论坛”秘书处工作，组织召开会议，出版文集。自2016年始，论坛集刊定名为《马克思主义文艺研究》辑刊，每年两期。《文学评论》还专门设置《马克思主义文艺理论研究》专栏，定期刊发本所及国内外学者高质量的研究成果。

2014年10月15日，习近平同志在京主持召开文艺工作座谈会并发表重要讲话，集中回答了什么是中国特色社会主义文艺、如何繁荣发展中国特色社会主义文艺这一带有根本性全局性的重大问题，深刻阐述了有关文艺工作的理论、方针、政策，提出了一系列新思想、新观点、新判断，是今后文艺理论学科研究的纲领性文件。同年11月22日，中国社会科学院与人民日报社联合主办“学习贯彻习近平总书记文艺座谈会重要讲话精神、开展积极健康文艺批评”研讨会，同时，举办首届“中国社会科学院马克思主义文艺理论论坛”。与会者普遍认为，中国社会科学院有责任、有义务针对当前文学创作和文学研究中的重大理论现实问题，组织专家学者进行深入研究、客观分析、科学回答，及时明确地发出正确的声音，切实发挥释疑解惑、正本清源的作用，努力让文学创作真正回到人民中来，从对市场的依附中解脱出来。

习近平总书记的讲话是继七十二年前毛泽东同志《在延安文艺座谈会上的讲话》（以下简称《延安讲话》）发表以来最重要的纲领性文件，具有里程碑意义。文学研究所的第一代学者中，有十二人从“鲁艺”走出来，他们中的一些人亲自聆听了《延安讲话》，并坚持把《延安讲话》精神贯穿到文学研究的实际工作中。在文学所人心目中，5月23日，是一个重要的节日。这一天，何其芳同志总要在党报上发表阐释文章。2013年纪念毛泽东同志诞辰120周年以及2012年纪念《延安讲话》发表七十周年、2017年纪念讲话发表七十五周年，在这两个重要的日子，文学研究所、中国文学批评研究会、中外文艺理论研究会、中国当代文学学会等召开各种形式的座谈会、研讨会，结合习近平总书记的讲话，统一思想认识，取得若干重要的共识。毛泽东同志的《延安讲话》是五四运动以来马克思主义在中国传播、生根的必然结果，为新中国文学艺术的发展指明方向。在新的时代语境下，总结延安时期马克思主义文艺理论中国化的历史经验，重新认识延安文艺精神建构的当代价值，系统总结共产党领导下的“双百”方针、“二为”方向以及“双创”原则，深入探讨文学艺术理论与创作中的“中国经验”，两个“讲话”无疑具有深刻的现实意义和深远的历史意义。

（二）加强海外文学名著与文学思潮在中国的传播与影响研究

早在20世纪五六十年代，何其芳所长就组织编写《文艺理论译丛》《现代文艺理论译丛》《古典文艺理论译丛》三套丛书，有计划、有重点地介绍世界各国的美学及文艺学理论著作，为我国文艺理论界提供了丰富的参考资料。这些著作现已汇编为《文学研究所学术汇刊》9种30册，交由知识产权出版社重印。在此基础上，文学所组织又编选《西方美学的现代历程》《西方文论经典》等论著，围绕着“世界文学”概念、文艺批评的“民族的标准”、马克思主义文学理论中国化、当代艺术的处境等问题，梳理资料，提供进一步研讨的线索。

加强对西方马克思主义文艺理论的研究，也是近年研究的热点。卢卡契《审美特性》提出，马克思主义是关于人的解放学说，认为审美表现是人的生存方式的有机组成部分。[①] 为此，文学所专门组织研讨会。伊格尔顿《理论之后》注意到文化研究和“理论之后”两种语境背后的意识形态问题，强调理论和实践结合的意义。《批评家的任务：与特里·伊格尔顿的对话》[②] 就流亡与救赎主题、艺术想象与历史想象异同问题、悲剧的意识形态色彩问题展开讨论，极富有启发性。譬如关于流浪与流亡的区别，伊格尔顿指出，一个人，在现实生活中漂泊无

① ［匈］卢卡契：《审美特性》，徐恒醇译，社会科学文献出版社2015年版。

② ［英］特里·伊格尔顿、马修·博蒙特：《批评家的任务：与特里·伊格尔顿的对话》，王杰、贾洁译，北京大学出版社2014年版。

定，到处流浪。他被边缘化，也可能自认倒霉，心安理得，并没有改变现状的勇气。这是一种流浪者的心态，比较容易理解。还有一种情形就比较复杂。他可能在官场体制中，但他依然感觉到自己是异乡人，很难融入固化的体制中。身处魏阙，心在江湖。他渴望改变体制，却又无能为力。这种心态，可能就是美学意义上的流亡状态。关于悲剧，通常的理解，悲剧是历史的必然要求与这个要求不能实现之间的冲突。伊格尔顿又强调指出："在所有的文学形式中，悲剧也许是最具意识形态性的。它是一个非常排外的领域。因此，我们唯物主义者必须用我们粗鄙的手取得它，而不是以布莱希特的方式摈弃它。确切地讲，悲剧的观念必须被重新职能化，以供另一种政治和美学所用。"

（三）加强对文学理论基本问题的研究

《文学评论》复刊第一期刊发毛主席给陈毅同志谈诗的一封信，引发了学术界关于形象思维问题的大讨论。[①] 王朝闻同志在《文学评论》（1978.1）上发表文章，讨论艺术规律问题，认为形象思维、典型化原则、革命的现实主义和革命的浪漫主义相结合这些有关文艺创作的方法，都是马克思主义美学体系中的重要组成部分，且这些创作方法中的各个方面之间是互相联系的。同时，对文艺创作特殊规律的探讨，对违背文艺创作规律的种种谬论的批判，必须和文艺创作为什么人服务的动机，和产生什么社会效果结合起来。陈涌《马克思、恩格斯的美学和历史的批评》（《文学评论》1983.1）、李衍柱《美的规律与典型化原则》（《文学评论》1991.5）也就这些问题作了深入探索。陈涌认为，文艺反映的生活是包括政治生活、社会生活和精神生活在内的多方面的生活，因此，美学分析必须和社会历史分析，艺术特殊规律和社会历史普遍规律结合起来。李衍柱提出，典型化是一个以少总多、以形写神，通过个别表现一般的过程，是通过偶然揭示必然、通过有限显示无限的过程，是"无目的而又有目的的，不自觉而又自觉，不依存而又依存"的矛盾运动过程，是内容与形式对立统一的艺术实践过程。这些论点，今天看来也许并不新鲜，但在当时特定背景下，确有振聋发聩的意义。

① 外国文学研究所编：《外国理论家、作家论形象思维》，中国社会科学出版社1979年版。

近代以来，随着自然科学的高度发达，后工业化的西方社会出现了种种畸形和矛盾，打破了上帝创世的神话，打破了理性万能的说法。当人们有意识地发现丑、表现丑、把丑当作美的时候，荒诞便代替了崇高，非理性也就成为一时的审美思潮。当代文学创作中有些人热衷于表现中国人的愚昧落后，也与这种时代思潮的影响不无关系。恩格斯说："在黑格尔那里，恶是历史发展的动力借以表现出来的形式。"蒋孔阳《说丑》（《文学评论》1990.6）一文指出，作为美的对立面，丑，自有其积极意义。问题不在于写什么，而是站在什么立场来写，要表达什么样的审美追求。美与丑，滑稽与崇高，这些曾经的老话题，在审美追求日益多元化的今天，依然有重新思考的必要。

与此相关联，是如何认识以法国哲学家德里达为代表的解构理论。① 解构主义强调歧异的存在是多元的必然，也是事物发展的动力，在差异的运动中，由于变是不可停止的，矛盾成为互补而非绝对对抗，由于歧异是一种积极的运转的能，使万物不断更新，它不应受一个中心意旨的压制。这种理论有其合理性的内涵，可以借此批判西方中心主义，并引发女权主义思潮，有助于后殖民主义对文化侵略的批判，也有助于后现代主义艺术观对无序、无整体宇宙观的形成和表达。②

20世纪80年代以来，随着西方思潮的涌入，社会—历史批评、文化批评、精神分析批评、结构主义批评、比较文学批评、文体形式批评、印象批评等新的研究方法纷至沓来，众声喧哗，一时间被推为显学。早在1962年，钱锺书就发表《论通感》，较早运用心理学方法，比较亚里士多德《心灵论》与中国的《乐论》，比较唐宋诗词与西方古典诗歌中的通感现象。他指出，在日常生活里，视觉、听觉、触觉、嗅觉等往往可以彼此打通或交通，眼、耳、鼻、身等各个官能的领域可以不分界限。把事物的无声的姿态描摹成好像有声音，表示他们在视觉里仿佛获得了听觉的感受，用现代心理学或语言学的术语来说，就是"通感"或"感觉移借"。80年代，文艺心理学成为热门，各种心理学、变

---

① 德里达的代表作有《书写学》《语言与现象》《书写与歧异》等。

② 参见郑敏：《解构思维与文化传统》，《文学评论》1997年第2期。

态心理学的著作蜂拥而至。[①] 在众多著作中，吕俊华的《自尊论》《艺术创作与变态心理》《艺术与癫狂：艺术变态心理学研究》[②] 等，从变态心理学的角度解读文学，很有影响。80年代，林兴宅在《文学评论》发表《论系统科学方法论在文艺研究中的运用》（1986.1），论述了我国文艺研究、文艺批评方法论变革的三个层次，提出系统科学方法论的核心在于有机整体观念。强调整体性观念，这在今天看来可能已是常识，而在当时，他运用系统科学方法论讨论文学问题，让人感觉耳目一新。

听觉文化与视觉文化的比较研究也备受瞩目。也是在20世纪80年代，美国学者鲁道夫·阿恩海姆《艺术与视知觉》就被介绍到中国，重点分析视觉艺术心理学问题。有学者进一步指出，以拼音文字为主体的西方文化，对于"图像"非常重视，甚至成为视觉文化的核心概念。相比较而言，以形声文字为主体的中国文化传统，对于听觉形象更加关注。看字听声，"闻声知情"，这是中国文化的特点。明清小说中存在着的"草蛇灰线"的艺术手法，强调艺术结构要有"连"有"断"。这与西方艺术更专注于一以贯之的"连"有所不同。[③] 将这种理论应用于文学史研究，就有可能别开生面。[④]

文学创作、文学理论的本土化，中国古代文论的现代化，也是持续不断的讨论话题。黄浩的《文学失语症》[⑤] 认为新小说患上了"运动性失语"，"即

---

① 就我个人阅读所及，如金开诚《文艺心理学论稿》（北京大学出版社1982年版）、朱光潜《悲剧心理学》（人民文学出版社1983年版）、《变态心理学派别》（上海文化出版社1989年版）、滕守尧《审美心理描述》（中国社会科学出版社1985年版）、（苏）列·谢·维戈茨基《艺术心理学》（上海文艺出版社1985年版）、（奥）弗洛依德《精神分析引论》（商务印书馆1984年版）等，都具有代表性。

② 《自尊论》，上海文艺出版社1988年版。《艺术创作与变态心理》，三联书店1987年版。《艺术与癫狂：艺术变态心理学研究》，作家出版社2009年版。

③ 傅修延：《为什么麦克卢汉说中国人是"听觉人"》，《文学评论》2016年第1期。

④ 陈平原《有声的中国——演说与近现代中国文章变革》（《文学评论》2007年第3期）从近现代的"演说"入手，着重讨论"演说"在新文化运动中的作用。平田昌司《文化制度与汉语史》（北京大学出版社2016年版）第13章《眼睛的文学革命 耳朵的文学革命》，则把1917年《新青年》刊发《文学改良刍议》视为开启"看"的文学革命。20世纪20年代以来，现代戏剧、广播、有声电影等声音媒介迅速涌现，"听"的文学就开始了。1922年从哈佛大学学成回国的洪深和1926年从哥伦比亚大学毕业归国的熊佛西，陆续将美国的戏剧理论与小剧场运动介绍到中国本土。1923年上海的中国无线电公司开始有广播。1928年南京的中央广播电台开始播放收音节目。华语有声电影之作开始于1930年《歌女红牡丹》。这些都是"听"的革命，听觉艺术在这里扮演重要角色。

⑤ 《文学失语症》，《文学评论》1990年第2期。

语言传达的功能性障碍疾病，通俗一点讲，就是：新小说说话困难”。由此延伸，古代文论也面临着现代转化的难题。曹顺庆《21世纪中国文化发展战略与重建中国文论话语》[①]探讨了“重建中国文论话语”可能性以及若干途径。季羡林《门外中外文论絮语》[②]强调我们应当秉承“不薄西方爱东方”的态度，“让这两种话语并驾齐驱，共同发展”。为此，《文学评论》编辑部在1997年第1期特意设专栏，精心择选出四篇论文与一篇报道，由此引发“中国古代文论的现代转换”“重建中国文论话语”的大讨论。

世纪之交，面对中国复杂多变的文学现象及其发展状况，文化研究理论与实践问题逐渐引起学界的格外关注。1999年底，《文学前沿》主办“文学理论与文化研究”研讨会，就20世纪90年代中国文化批评的评价以及文化研究在中国文学研究中的适用性进行讨论。此后连续几年召开“文艺学与文化研究”“变革时代美国文学与文化研究全球性对话”等研讨会，试图对丰富复杂的中国当代文学作出文化解答。文学研究所也适时承担院重大课题“新世纪全球化格局与中国人文建设”项目，用于面对新世纪以来中国文论转型过程中呈现出来的重大理论问题，系统回应急剧变化中的中国社会文化现实问题，[③]同时，又组织专家，按照类别编选“新世纪文论读本”，选录近十年来重要的理论文章，[④]为学术界提供丰富的参考资料。由此不难看出，文学所的研究人员既要坚持“文以载道”悠久传统，又不能放弃研究者应有的立场和情怀。钱中文就坚持认为，过度强调文化研究的价值其实是泛化了“文学性”，取缔了文学自主研究和独立的学科价值，一味地关注文学外部研究，最终将导致文学的消亡和死亡。经典马克思主义强调“物质生活的生产方式制约着整个社会生活、政治生活和精神生活的过程”。[⑤]文学观念的变迁和文学研究的推进，始终是在社会语境的制约中产生和发展。文学研究工作者应当看到历史语境的变迁和重大转折，找到能有效作用于社会语境的研究旨趣和范式，这样才能对文

---

① 《21世纪中国文化发展战略与重建中国文论话语》，《东方丛刊》1995年第3期。

② 《门外中外文论絮语》，《文学评论》1996年第6期。

③ 这套丛书已由山东教育出版社2009年出版。

④ 这套丛书已由中国社会科学出版社2011年出版。

⑤ 《马克思恩格斯选集》（第二卷），人民出版社1972年版，第82页。

学和社会文化的发展起到应有的作用。站在今天的立场看，这场论争的意义已超出“文化研究”本身，由此向传统文艺学、当代文学批评等领域延伸，影响不可小觑。

其实，这又涉及学科边界问题。一方面，我们画地为牢，各说各话，鸡犬之声相闻，老死不相往来，甚至还相互怀有偏见。从事文学研究的人对历史常有偏见，觉得他们见物不见人；从事历史研究的人对文学界也有成见，认为文学研究是见人不见物；从事哲学研究的人认为文学仅仅是对客观世界甚至是对哲学的间接折射，不能直接揭示宇宙与社会的本质与真理。文学、历史学界，也有人认为哲学研究没有学问，因为他们物、人皆不见，只讨论形而上的东西。另一方面，我们又渴望彼此了解，也都知道，历史可以为文学提供直接素材，文学也可以是历史与哲学的反映。譬如，对于先秦两汉历史文化的研究，文史哲研究者所使用的材料大体是相同的，只是观察的角度有所不同而已。谈到屈原，我们不仅想到屈原的思想和形象，还有他的时代，他的生存环境，还有楚地风物，等等，涉及历史学、地理学、哲学、人类文化学、社会学等多学科的知识与方法。从这个意义上说，打破内部藩篱，进行跨学科研究，就很有必要。问题是，这些话题说了很多遍，学术界也多有尝试，但成功者有限。有的文学研究工作者，从古代文学研究到现当代文学、民间文学，最后还会研究到史学和哲学甚至政治、经济学，每一部成果都可能引起一定的社会轰动效应；但时过境迁，多数所谓成果如天边游云一样散去，没有多少人还记得起他们的作品。有的文学研究工作者，爱用训诂学上“一声之转”的方法，由甲到乙，由乙到丙，由丙到丁，转来转去，似乎古代任何作家的任何作品，都有可能产生关系。学术研究允许根据一些材料发挥适当的想象，就像跳远，脚踏实地，跳出一步，对古人抱以了解之同情；但仅此而已，不能再据以进行三级跳。学术研究不是学术创作。多学科跨界研究在方法论上容易犯的一个毛病，就是忽视了学术有边界、学术有内涵的基本道理，忽视了外延不能无限扩展的规矩。无节制的跨学科研究可能会获得暂时声誉，却由于缺乏相关学科的基础知识，缺乏基本的学术训练，往往后继乏力，其成果也很难长久保存下去。这样的成果，可以浪得虚名一时，却让作者付出一生的代价，风险还是比较大的。我们提倡文史哲不分，并非要求文学研究者去从事历史学、哲学工作者的研究任务，学术研究确实需要注意学科边界问题。

（四）跨学科研究：从民间文学到比较文学

文学研究所的民间文学研究领域聚集一批享誉国内外的学者，在神话、史诗、民间故事、民间传说、歌谣、谚语、小戏以及民间文学基本理论研究方面，成果丰硕。随着城市化进程的加速，“民间”的涵义发生重大变化。为适应国内外学术发展的新形势，这个研究团队在强化已有优势基础上对研究重点和研究领域多作调整，发挥集合优势，在原有《中华民间文学史》基础上修订而成《中国民间文学史》①，涉及多种民间文学研究分支学科，获得海内外同行的重视及好评，已被列入高等学校文科教材。再者，强化民间文学理论研究，关注中外民间文学和民俗学研究理论与方法的前沿问题，注重对学科理念作深度反思，对关键词作系统梳理。同时，审时度势，积极参与非物质文化遗产保护工作，并在其中起到重要作用。②

从现在趋势看，民间文学、民俗文学、民族文学乃至比较文学，殊途同归，正面临一个前所未有的理论突破。譬如民族文学问题，现在越来越引人注意。过去，国内很多民族院校文学系通常开设有汉民族文学经典阅读课，对《诗经》《楚辞》等文学名著以及李白、杜甫、元稹、白居易、韩愈、柳宗元等著名诗人的优秀作品，都有详尽的介绍。相比之下，内地一些综合性大学中文系对于不同民族的文学经典，似乎鲜有介绍。中文系是中国语言文学系的简称。中华各民族文学经典，当然是中国文学的重要组成部分，理应被纳入中文学科建设的规划中。2015年3月，中国社会科学院《文学评论》《文学遗产》《民族文学研究》又联合举办了“中华文学的发展、融合及其相关学科建设”学术研讨会。与会专家热烈讨论，建言献策，凝聚共识，一致认为有必要努力探讨、总结“中华文学”在中国古代不同历史时期呈现出来的不同特色、演变

① 祁连休、程蔷、吕微主编：《中国民间文学史》，河北教育出版社1999年初版，2008年修订再版。

② 2013年，以民间文艺工作者为主体的中国民俗学会，在法国巴黎举办的联合国教科文组织保护非物质文化遗产政府间委员会第九届常会上，成功当选为新成立的联合国教科文组织非物质文化遗产审查机构成员，在2015年至2017年间全面参与人类非物质文化遗产代表作名录、急需保护的非物质文化遗产名录、优秀实践名册及国际援助四类申报项目的评审工作。

规律及其在推动中华民族文化、文学的交流与融合过程中的时代作用。这次会议引起了学界和在京媒体的共鸣与关注。《文史知识》编辑部又组织专栏，约请一些中青年学者撰写文章，展示新一代学者的宏观思考。

再譬如比较文学问题，郑振铎先生借鉴《金枝》的巫术理论来解析汤祷传说，重释经典文献的文化意义，开启了比较文学研究的先河。钱锺书《谈艺录》《管锥编》等学术名著，是20世纪中国比较文学研究的杰作。20世纪80年代中期，“方法热”“文化热”风起云涌，研究者渴望“走向世界”。在这样的背景下，文学研究所在1985年以《文学研究动态》编辑部为基础，组建了文艺新学科研究室。1990年，该研究室更名为比较文学研究室。2002年，文学研究所又成立比较文学研究中心，将文学人类学、比较神话学作为主攻方向。

这两个方向，又与现在比较时髦的“钞本理论”有内在的关联。

近年，随着记忆文化理论研究的深入，人们将历史的发展，分为口述文化、记忆文化、文化认同与政治想象这三个阶段。这种理论主张，与当前所谓“后真相”（post-truth）思潮相关。尼采说，世界上没有真相，只有对真相的解释。这就涉及历史的角色塑造问题、历史想象与文学想象的同异问题。依据这样理论，钞本时代的经典程度不同地存在不断叠加的情况。流传至今的先唐文本文献可以有单一的资料来源，也可以具有多重早期资料来源，出现异文，很不稳定。

以屈原和《楚辞》为例，早在20世纪初叶，就有部分学者怀疑屈原的存在。他们的主要根据是：一、先秦史料未见屈原名字；二、《资治通鉴》未写屈原事迹。廖平的《楚辞讲义》说：“屈原并没有这个人。”又说：“《楚辞》为词章之祖，后人恶秦，因托之屈子。”[①] 胡适《读楚辞》（《胡适文存》二）也说：“依我看来，屈原是一种复合物，是一种箭垛式的人物，与黄帝周公同类。我想，屈原也许是二十五篇《楚辞》中的一部分的作者，后来渐渐被人认作这二十五篇全部的作者。”冈村繁的《楚辞和屈原》认为很多作品“是屈原死后，对其记忆犹新的时候的人的作品”。[②] 朱东润先生虽然没有否

① 《楚辞讲义》，收入《六译馆丛书》，1922年版。

② ［日］冈村繁：《周汉文学史考》，上海古籍出版社2002年版。

定屈原，但他在“楚辞探故”的系列文章中认为《离骚》是刘安所作，《九歌》是汉武帝时的作品，《九章》中的作品多数也成于武帝时代，《天问》可能是战国时代楚人的作品。这实际上也否定了作为文学家的屈原的存在。对此，郭沫若撰文逐一批驳。[①] 80年代，日本学界又重提这一话题，而国内也出版了《中日学者屈原问题论争集》[②]、《与日本学者讨论屈原问题》[③]、《现代楚辞批评史》[④]等，可以说是对屈原否定论的总清算、集大成。从中国人的情感来说，这个问题，不能否定。但是我们必须承认，情感不能代替学术。早期文献传播途径不同，同一故事，便有不同记载。有关《西京杂记》的作者有多种说法。倪豪士根据毛延寿丑化王昭君这个细节，推断这部书出现在齐梁中后期。类似情形，《吕氏春秋》《淮南子》《列女传》《新序》《说苑》等，故事来源各不相同，故事情节细节都有出入，就有一个互文性问题。即便是同一本书，前后记载也可能矛盾。比如《商君书》《管子》《晏子春秋》《荀子》《韩非子》，很难说一定是个人所著。《复旦学报》2016年第6期刊发日本学者小南一郎的《〈楚辞〉的时间观念》，他在文章中指出，文化人类学研究表明，文明程度较低的民族中，时间观念往往是循环式时间观念，直至永远。这个时期的人们基本上感觉满足，较少忧虑。进入文明较高阶段之后，尤其是中央集团统治后，新的直线式时间观念产生。这时的人们开始充满忧虑，时间的背后是悲剧性的本质：“子在川上曰：逝者如斯夫，不舍昼夜。”按照这样的观念看《离骚》，就有三个时间观念。第一部分是主人翁第一次出发以前的部分。从时间观念来说，这个部分是以直线性质的时间里万事不如意，所以他放弃直线性质的时间，向天界作第一次的出发。第二部分记述天界游行的前半段，包括他跟女神们的接触，描写的是主人翁在圆形时间里的彷徨。第三部分是第二次出发以后记述新的天上游行，从空间观念来说，是以迈向更宽广的地域为目标进行的彷徨。在这个过程中，他发现了新的时间。这个时间超越直线

① 朱东润的《楚歌及楚辞》《〈离骚〉底作者》《〈离骚〉以外的“屈赋”》等文以及郭沫若的批驳之文，并收录在《楚辞研究论文集》，作家出版社1957年版。

② 黄中模编：《中日学者屈原问题论争集》，山东教育出版社1990年版。

③ 黄中模：《与日本学者讨论屈原问题》，华中理工大学出版社1990年版。

④ 黄中模：《现代楚辞批评史》，湖北教育出版社1990年版。

性质的时间和循环的时间，是充满喜悦的绝对性质的时间。所以会有这三种不同的时间观念，从逻辑上来推断，可能是由于不同的叙述者造成的。这可能就是一些学者读《离骚》时，可以读出不同作者的原因所在吧？这种本文细读，是很有意义的尝试。这个结论可能不是否定屈原，而是指出一种现象，即早期文献以某人命名，这个人不一定就是唯一的作者。

又譬如，司马迁《史记》的记载常常自相矛盾，有些场面的描述更像小说；甚至可以这样说，早期的历史文献，很多像小说。这也容易理解。中国古代早期文献，始于口头传播，经过漫长的流传，最后被写定。在流传过程中，口传文献信息不断累积，不断演变，最终形成文本文献。因此，今天所看到的众多版本，很难说哪些是定本，哪些内容是后人叠加进来的。不同文本的不同性质本身已经成为文学史叙事的重要组成部分。照此推论，先唐文本文献具有极大的不确定性。19世纪末，疑古思潮甚嚣尘上，与此前的疑古之风遥相呼应。俄国汉学家王西里（V. P. Vasiliev，1818—1900）的《中国文学史纲要》认为，除《诗经》《春秋》外，现存先秦典籍多数是汉代产物，甚至更晚。[①] 梁启超《中国历史研究法》提出十二种辨伪的方法，也将很多先秦以来流传的典籍列入伪托之作。类似这样的观点，左右学术界将近一个世纪。

问题是，最近四十多年，出土文献不断增多，越来越多的材料证明，中国早期文本文献的传承相当复杂，梁启超提出的辨伪方法，大多数站不住脚。而且，更重要的是，现在所有的出土文献，并没有从根本上改变中国学术史的面貌。即便是甲骨文，也只是证明司马迁所见史料比较确切。这充分说明，中国早期文本文献确有其稳定性品质。

过去我们常常依违两端，要么疑古，要么佞古，即便是中立的“释古”，或曰“走出疑古时代”，其本质还是相信或者不相信现存史料。所谓“钞本理论”一个基本的态度是，承认古史材料矛盾的存在，具体材料要作具体分析，不能一概而论。

近年，有一种从“国学热”到“古典学”的倾向。北京大学、中国人民大

① ［俄］王西里：《中国文学史纲要》，1880年出版，圣彼得堡国立孔子学院2013年整理成中俄文对照版。

学、复旦大学、浙江大学纷纷开展“钞本理论”研究，有的还成立古典学研究中心之类的机构，引导学者引入欧美研究古希腊文化、圣经文献的学术方法，虽然还是初步的尝试，值得关注。

二、当代文学思潮

（一）密切跟踪当代文学创作

文学所的重要领导、学者郑振铎、何其芳、唐弢、蔡仪、陈荒煤等，早年多投身于当代文学创作与文学批评工作。新中国成立后，他们围绕着当时的文学创作与文学理论问题，撰写了大量的文学评论、文学史和文学理论研究论著，对《林海雪原》《红日》《红旗谱》《苦菜花》《青春之歌》等进行了比较广泛深入的研究。20世纪60年代，由中国科学院文学研究所毛星、朱寨等人编写的《十年来的新中国文学》① 集中反映文学研究所对于当代文学的整体把握。

改革开放之初，邓小平在全国第四次文代会上发表重要讲话，确立了“文学为人民服务，为社会主义服务”这一社会主义时期一切文学活动发展的根本方向和根本目的。朱寨、张炯等领衔集体撰写了《新时期文学六年》②、《中国当代文学思潮史》③、《当代文学新潮》④、《新世纪文丛》⑤、《九十年代文学观察丛书》⑥ 等著作，积极参与到当代文学理论建设与文学批评活动中来，为中国文学事业的劫后复苏贡献了力量。21世纪以来，为深入总结建国六十多年来的中国文学经验，杨匡汉、陈晓明等主持编写了《共和国文学50年》⑦、

① 《十年来的新中国文学》，作家出版社1963年版。
② 《新时期文学六年》，中国社会科学出版社1985年版。
③ 《中国当代文学思潮史》，人民文学出版社1987年版。
④ 《当代文学新潮》，人民文学出版社1997年版。
⑤ 《新世纪文丛》凡10册，陕西人民教育出版社1991年初版，1998年再版。
⑥ 《九十年代文学观察丛书》凡10册，山西教育出版社1999年版。
⑦ 《共和国文学50年》，中国社会科学出版社1999年版。

《现代性与中国当代文学转型》[①]、《20世纪中国文学经验》[②]、《六十年与六十部——共和国文学档案》[③]等著作，都曾产生重要影响。

除完成重要的集体项目和资料汇编之外，四十年来，当代室老中青三代学者潜心于个人的学术著述，成为国内当代文学批评界的中坚力量。近年，特别值得提及的是李洁非个案研究系列（《解读延安》《典型文坛》《典型文案》《典型年度》《文学史微观察》《共和国文学生产方式》等），总结延安经验，分析共和国文学体制与文学生产的关系，蕴含着深邃的历史思考，在当代文学学界引起较大反响。李建军的当代文学研究（如《时代及其文学的敌人》《文学的态度》《文学因何而伟大》《文学还能更好些吗》等），立足中国传统文化，推崇俄罗斯别、车、杜的美学思想，追求崇高之美，提出"集体性共创"理论，在当代评论界独树一帜。[④]

为密切跟踪当代文学变化，文学所当代文学研究室逐步确立了以"文情现状考察"和"中国文学经验"为两大主攻方向。《中国文坛纪事》（1999年启动）、《中国文情报告》（2003年启动）是"文情现状考察"核心成果，以时文选辑、考察报告的方式切入当下，把握走向，成为当代文坛一份重要的年度报告，受到广泛关注。主持人白烨根据调研考察所得，为院《要报》撰写内

① 《现代性与中国当代文学转型》，云南人民出版社2003年版。

② 《20世纪中国文学经验》，东方出版中心2006年版。

③ 《六十年与六十部——共和国文学档案》，三联书店2009年版。

④ 他在《并世双星：汤显祖与莎士比亚》一书中指出，一切成熟意义上的文学创作，都是以前人或同代人文学经验为基础，是对多种经验吸纳和整合的结果，因而，本质上是"集体性"的，而非"个人性"的；是由知名或不知名的人"共同"参与和创造的，而不是由一个人师心自用独自创作出来的。它涉及了对"独创""生活"和"内心封闭性"等问题的理解和阐释。长期以来，我们强调"独创性"，否定一切经验的消极的文学意识，这是一种傲慢的写作姿态和无知的写作理念。1832年2月17日，歌德对爱克曼说过这样一段话："事实上我们全都是些集体性人物，不管我们愿意把自己摆在什么地位。严格地说，可以看作我们自己所特有的东西是微乎其微的，就像我们个人是微乎其微的一样。我们全都要从前辈和同辈学习到一些东西。就连最大的天才，如果想单凭他所特有的内在自我去对付一切，他也决不会有多大成就。可是有许多本来很高明的人却不懂这个道理。他们醉心于独创性这种空想，在昏暗中摸索，虚度了半生光阴。我认识过一些艺术家，都自夸没有依傍过什么名师，一切都要归功于自己的天才。这班人真蠢！好像世间竟有这种可能似的！……我只不过有一种能力和志愿，去看去听，去区分和选择，用自己的心智灌注生命于所见所闻，然后以适当的技巧把它再现出来，如此而已。我不应把我的作品全归功于自己的智慧，还应归功于我以外向我提供素材的成千上万的事情和人物。"这是一段非常重要的议论，有助于我们反思和纠正极端性质的"创新"理论和"独创"理论。

参文章，如《青年作家队伍的现状与问题》《当下文学阅读的浅俗化问题》两文，提出要注意对青年作家进行培养的建议，得到中央领导的重视。中国作协为此专门召开工作会议，定期举办全国青年作家高级研修班。

当代文学研究室还曾联合全国30多家单位协作编辑《中国当代文学研究资料》，迄今已出版80多种，计2000多万字，从一个侧面展现了当代文学的发展历史。

（二）积极开展有针对性的文学理论研究与文学批评工作

2014年1月，《人民日报》开辟《文学观象》栏目，就当前我国文学发展中的重要现象、热点话题和焦点问题，以对话形式进行探讨和辨析，有的放矢地开展深入有力的文学批评与理论研究。这是马克思主义文艺批评的重要收获。主持“文学观象”专题研讨的张江教授，不仅亲自参与每期专题的设计与策划，而且每期的《主持人语》，都有精彩的见解，构成“文学观象”的一大亮点。如在《文学遭遇低俗》中，他说道：文学发展遭遇越来越严重的低俗之风。这与整个社会环境的客观变化有关系，但更与一些创作者理念观念认识模糊密切相连。许多人认为，文学要接地气，就要“俗”。还有人宣称，只要老百姓喜闻乐见，无论俗与不俗，都是好作品。这话得好好辨析。“俗”有通俗、低俗之分，通俗指向风格，低俗指向趣味。文学可以通俗，不能低俗。这些看法，直面当下文学现状，大胆言说文学基本问题，言简意赅，理直气壮，在理论与实际的密切结合上，表现出了实事求是的理论思考与批评勇气。2015年，人民出版社将上年24篇“文学观象”系列论评文章结集为《原点、焦点与热点》一书出版。①

（三）总结探索中国当代文学经验

中国的诗歌，从古诗到律诗，再到新诗，如何在继承中有所创新，一直以来是新诗研究的重点。20世纪50年代，何其芳同志发表《关于诗歌形式问题的争论》（《文学评论》1959年第1期），结合对诗歌创作问题的看法，谈及个人

① 张江的《强制阐释论》（《文学评论》2014年第6期）亦很有代表性。该文针对当前文学理论界用文学场外理论或科学原理介入文学阐释，从根本上抹杀文学理论与批评的本体特征，引导文论偏离文学的现象提出尖锐批评。

在诗歌形式上的主张。80年代，新诗潮兴起，两个“崛起”，引发了长时间的论争。不过，这个问题至今也没有取得突破性进展。新诗民族化，依然任重而道远。

新时期的小说创作，高潮迭起。从“伤痕文学”到“新写实小说”“先锋派”创作，每个时期都有代表性创作。陈忠实的《白鹿原》、莫言的系列创作，获得了较高的赞誉。《白鹿原》的意义在于，作者一方面试图探究民族文化和历史命运，另一方面，又努力从中重新发掘民族灵魂，发现人的价值，给文学界带来新震撼和自信。①

2012年10月，莫言荣获诺贝尔文学奖，是中国当代文学的一个重大事件。围绕莫言获奖的话题，从最初的欢呼雀跃，② 逐渐集中到莫言创作与中国经验的思考与总结方面。文学界普遍认为，当前或者长远，中国都迫切需要像莫言这样的作家，以文学特有的人文理性精神，跨越文化差异，讲好中国故事，总结中国经验，让中国文学融入世界，同时，也让世界了解真实的中国。③ 莫言用自己独特的文体超越了故乡这个狭义的乡土概念，超越了故乡日常生活的简单的自然主义，超越了转瞬即逝的、空洞的、无意义的琐屑形象，超越了“怪诞现实”的物质形态，也超越了历史时间的盲目乐观（进化）和悲观（末世论），并赋予了这些被超越的东西以真正的民间气质、信念和意义。④

2012年12月，文学所主管的中国当代文学研究会和首都师范大学文学院在京联合主办研讨会，主题就是“全球视野与本土经验”。有学者指出，莫言等人的创作证明：中国当代最优秀的作家都传承了“五四”文学的主题，传承

---

① 参看雷达：《废墟上的精魂——〈白鹿原〉论》，《文学评论》1993年第6期。

② 何吉贤的《无名袭来“莫言风”：“莫贝尔”在中国》称：莫言获奖后，“平面纸媒、电视和网络新媒体迅即开始铺天盖地地介绍和挖掘有关莫言的一切‘新闻’。记者和游客蜂拥来到莫言的家乡高密东北乡，连莫言老家的那片红萝卜地也惨遭洗劫，当地政府乘势而上，准备投资6.7亿元，种植万亩红高粱，打造莫言文化体验区。出版商们也开足机器马力，大量印刷莫言的作品，包含了莫言所有作品的20 册《莫言全集》也很快上市，甚至还爆发了莫言作品的版权之争。在很短的时间内，莫言作品即高居畅销书排行榜榜首，在莫言刚获奖的那几个月，有时候，莫言的作品甚至有两三本都排在了畅销书前十位，不到半年的时间，据说莫言图书的总码洋已超过了两个亿。”收在《文学研究新视野——文学研究所对外学术交流文集》，即将由社会科学文献出版社出版。

③ 蔡清辉在2012年11月4日的《光明日报》上就提出莫言与“中国经验”的讲述问题。

④ 张柠：《文学与民间性——莫言小说里的中国经验》，载6月25日“中国作家网”。

了鲁迅的主题。在莫言的作品里面，鲁迅反复书写过的暴力、围观、嗜血的主题以及“吃人”的隐喻，包括对国民性的分析，在莫言作品中都是非常丰富的。和鲁迅相比，在深刻的程度、苛刻的程度上，莫言也是有进步的，他甚至进一步强化了鲁迅的某些观念，超越了简单的政治描写，确立了反进化论的写作立场。[①] 还有学者指出，莫言的小说创作虽然受到文学大师如福克纳、川端康成等的影响，但他小说的叙述方式主要还是由中国叙事文学传统中滋养出来的。[②]

当然，也会有另外一种声音，认为莫言的创作虽有其贴近乡土的一面，同时也不可否认，其创作核心是对20世纪80年代文学思潮的一种延续，是对西方关于中国想象的某种印证。事实上，当代中国的文学和思想，早已走到莫言的前面。换一句话说，莫言的创作依然停留在过去的历史语境中。有读者指出，莫言的小说展现的是“一个阴郁、悲凉、荒诞的世界，充满饥饿、暴力和非理性的欲望。不知道这是否就是莫言所理解的人性，抑或中国人的人性”？[③]

（四）关注新兴媒介变化

当前，经济市场化、全球化，当代科学技术，特别是信息技术的发展，催生出许多新的文学现象，网络小说、博客写作、微博信息、手机文学以及网络文学评论等，打破了地区、种族、文化的隔绝状态，以前所未有的态势加快了信息的传播和交流，对传统形态的文学构成巨大挑战。网络文学的核心价值是“爽”。它可能刺激和促进文学艺术的繁荣，也可能会造成文艺的庸俗化倾向。文学艺术面临前所未有的发展压力。

如何面对如此巨大的作者群和读者群，我们的文学批评工作者显然还没有作好充分准备。2013年7月19日，《人民日报》刊发专栏文章，“呼吁建立网络文学评价体系”。确实，网络时代的发展，呼唤我们的文学批评工作者，不仅要追踪日新月异的文学变化形势，更要站在历史的高度，客观评述这种变化的因缘际遇及其发展趋势。这就需要建立“网络文学史”体系，评价网络文学的

① 张清华：《莫言与中国新文学的整体观》，研讨会论文。
② 季红真：《莫言小说与中国叙事文学的传统》，研讨会论文。
③ 刘复生：《诺贝尔文学奖背后的文化政治》，《天下》2013年第1期。

文学史地位以及存在的问题。

三、文学史及文学史料研究

文学史研究与文学作品细读，两者关系密切，其背后又隐含着不同的价值取向。文学作品细读，往往通过个案，关注艺术的特色。而文学史研究则带有鲜明的理论探索的色彩，探索规律性的东西。

（一）纵向历时性研究

文学史研究涉及的范围很广泛，既包含作家作品研究，也涵盖文学思潮史研究。文学所古代文学研究室、近代文学研究室、现代文学研究室、台港澳文学与文化研究室以及古典文献研究室主要承担广义文学史研究的重任。

1953年建所伊始就设立中国古典文学组和中国文学史组，理论与文献并重，中学与西学贯通，完成了一系列具有重大影响力的文学史著作。20世纪60年代由余冠英先生主持编纂完成的三卷本《中国文学史》、由唐弢先生主编的三卷本《中国现代文学史》汇集了中国古代和现代文学研究领域的精英，集中呈现了新中国成立以后文学史研究的最新成果，长期以来作为教材，蜚声海内外。

世纪之交，邓绍基、刘世德、沈玉成等先生组织编写多卷本“中国文学通史”系列，包括谭家健等主编的《先秦文学史》、曹道衡和沈玉成的《南北朝文学史》、徐公持的《魏晋文学史》、邓绍基的《元代文学史》，成为这一学科的权威著作。此外，杨镰的《元诗史》、金宁芬的《明代戏曲史》以及董乃斌、陈伯海、刘扬忠主持编写的《中国文学史学史》，显示出文学所对文学史研究广泛而持久的关注。断代文学史、分体文学史、文学编年史等领域，也推出了一系列重要成果。刘跃进编著的《秦汉文学编年史》，[①] 曹道衡、刘跃进合著的《南北朝文学编年史》[②]，卓如、鲁湘元主编的《二十世纪中国文学编年》，[③] 刘福春编著的《中国新诗编年史》[④]，张大明编著的《中国左翼文学编

① 《秦汉文学编年史》，商务印书馆2006年版。
② 《南北朝文学编年史》，人民文学出版社2000年版。
③ 《二十世纪中国文学编年》，河北教育出版社2014年版。
④ 《中国新诗编年史》，人民文学出版社2013年版。

年史》[①]等，一时出现出版扎堆现象。

中国近现代文学学科，已有较长的发展历史。文学所不仅有专门的研究室，还主管着全国性的中国近代文学学会、中国现代文学研究会、中华文学史料学学会，在中国现代翻译文学史研究，在“鲁、郭、茅、巴、老、曹”等经典作家研究方面，很多学者始终活跃在第一线。

早在1978年，文学研究所组建近代文学研究室（初名近代组）。这是全国第一个专门研究中国近代文学的学术机构。1982年，近代室首先发起举办第一届中国近代文学学术讨论会，此后每两年一届，现已坚持了二十多年。由近代室筹备，1988年成立了中国近代文学学会，还成立了中国南社与柳亚子研究会等二级分会。这些机构的设立，极大地推动了近代文学研究的开展。

中国现代文学研究室成立于1954年，以20世纪初以来的新文化运动和新文学史的研究为首要任务，兼及当代文学的研究，形成了富有影响力的学术团队和学术传统。《文学评论》常常组织专题讨论，刊发对现代著名作家作品的研究论文。特别是鲁迅研究，常论常新。陈涌的《鲁迅与五四文学运动的现实主义问题》（1979.3）全面论述了鲁迅在中国现代文学史的重要意义。孙玉石的《〈野草〉与中国现代散文诗》（1981.5）则把鲁迅的《野草》视为中国现代散文诗走向成熟的第一个里程碑。此后，王富仁、杨义、汪晖等人又分析了鲁迅作为一个伟大思想家的复杂性格。还有学者常常运用新方法、新理论去解释鲁迅作品。譬如吕俊华的《论阿Q精神胜利法的哲理和心理内涵》[②]、林兴宅的《论阿Q性格系统》[③]等，都是当时传诵一时的名作。

20世纪80年代，“重写文学史”成为时髦的提法。从理论上说，这种提法是“为了冲击那些似乎已成定论的文学史结论，目的在于探讨文学史研究多元化的可能”。其实质是不满足于过去的叙述，对《诗》《骚》的传统，对李、杜的地位，对左翼文学、解放区文学以及新中国成立后的“十七年”文学提出

① 《中国左翼文学编年史》，社会科学文献出版社2013年版。此外，钱理群主编《中国现代文学编年史——以文学广告为中心（1915—1927）》（北京大学出版社2013年版），张健教授主编《中国当代文学编年史》（山东文艺出版社2013年版）也是这个时期的代表作。

② 《论阿Q精神胜利法的哲理和心理内涵》，陕西人民出版社1988年版。

③ 《论阿Q性格系统》，《鲁迅研究》1984年第1期。

系统质疑。在此背景下，美国夏志清的《中国现代文学史》以及《剑桥中国文学史》、《哥伦比亚中国文学史》便成为学术界少有的畅销书。这个现象的背后，其实有一股思潮在涌动，即海外一部分汉学家在掌控着中国文学的评价标准。在很多人的潜意识里，要想“走向世界”，就有必要向欧美学习，有必要对中国古代文学、对中国现当代文学给予重新叙述和评价，这样才能获得所谓世界学术主流的认可。

历史的经验告诉我们，如何撰写文学史，不能东倒西歪，还是要回归中国的传统，回归主流意识形态。2016年，《中国文学批评》杂志对此现象展开讨论，提出了很多值得思考的问题。文学所的科研人员坚持自己的研究立场，一批青年学者自发地组成“北京·中国当代史读书会”，阅读原始文献，倡导重回经典，开展以重新阐释左翼和革命作家为宗旨的“社会史视野下的中国现当代文学”系列学术活动，以客观理性的态度审视历史，发表了很多有深度的研究文章，即将结集为《革命·历史·文学》《社会史视野下的中国现当代文学——以赵树理为中心》《20世纪中国革命视野下的台湾文学》三部著作。

（二）横向共时性研究

近百年来，各种形式的中国文学史已经出版了上千部，多属于建立在西方文学观念基础上的知识性积累，且局限于汉民族文学发展状况。20世纪90年代文学所就主持编纂《中华文学通史》① 的编写工作，包括中华多民族文学、民间文学，还涉及深受中华文化影响的汉语文化圈以及海外华文文学，在某种程度上实现了“三通”，即纵向的古今文学贯通，横向的多民族、民间文学贯通，台港澳地区暨海外华文文学贯通。② 2015年，《文学评论》《文学遗产》《民族文学研究》又联合举办了“中华文学的发展、融合及其相关学科建设”学术研讨会，引起了学界和在京媒体的共鸣与关注。杨义又在此基础上，进行了比较深入的理论思考。

杨义的《文学地理学会通》③ 立志重绘中国文学地图，手持的利器，就是

① 樊俊、张炯、邓绍基主编，华艺出版社1997年版。

② 参见拙文《〈中华文学通史〉的“三通”尝试》，载1998年1月3日《中国青年报》。

③ 《文学地理学会通》，中国社会科学出版社2013版。

大文学史观，注重文学史的历时性与共时性的相互交融、立体共生的关系，关注“边缘活力”问题，关注文学地理学、文学民族学、文学文化学和文学图志学乃至文学考古学。刘跃进的《秦汉文学地理与文人分布》（中国社会科学出版社2012年版）一书，收集了大量秦汉时期的文人史料，依照地理分布情况进行整理，以说明不同地域与文人的气质风尚的关系。这种探讨，在文学研究方法上具有重要意义。赵京华率领创新团队，从事《20世纪人文地理纪实》丛书的校勘与研究工作。这是一项旧书翻刻与整理的工作，目前已由中国青年出版社出版了两辑近20册。丛书的整理出版，是对20世纪众多人文地理著作的一次重新发现和解读，是拼贴完成20世纪文学研究全息全景地图的一次尝试。

开展对台湾、香港、澳门地区的文学研究，对海外华文文学研究，也是文学研究所的一项重要工作。早在1989年创建的港台澳暨海外华文文学研究室，在台湾小说史、新诗史、文学理论发展史、两岸文学关系史和作家作品、专题研究等方面，积累了一定的研究基础。近年，他们以“台湾文学史料编纂与研究”为中心，梳理明末与清代台湾传统文学、日本侵略者统治时期的文学文献，陆续推出《台湾文学大系》《扬子江与阿里山的对话》《台湾地区文学透视》《中国文化中的台湾文学》等集体成果。个人著述众多，为开拓中国大陆起步较晚的台湾、香港、澳门地区和海外华文文学的学术研究作出重要贡献。

（三）综合文献研究

文学研究所的文学史研究，建立在文学史料的系统整理基础之上。古代文学史料的整理，最重要的业绩是大型《古本戏曲丛刊》的编辑出版。它是迄今为止最大的戏曲作品总集，收集了留存于世的绝大部分戏曲孤本与珍本。文学所几代学人为此付出了坚实的努力，先后出版了一、二、三、四、五、九等六辑，收录八百余种稀见戏曲珍本。2016年，文学研究所与国家图书馆出版社携手推出《古本戏曲丛刊》第六集，第七、第八两集的工作业已进入实施阶段，计划在2019年出齐。此外，《古本小说丛刊》（刘世德、陈庆浩、石昌渝）是当代最重要的古典小说丛书。《中国古代小说总目提要》（石昌渝主编）充分吸收历代研究成果，是一部集大成式的中国古典小说书目。

近现代文学史料研究有“中国近代文学研究资料丛书”“中国近代文学作

品系列”“中国近现代稀见史料丛刊”等，整合近现代诸多稀见而又确有史料价值的文献，包括日记、书信、奏牍、笔记、诗文集、诗话、词话、序跋汇编等，多层面、多角度地呈现具有连续性的近现代中国社会的历史。

20世纪80年代，文学所主持编纂的《中国现代文学史资料汇编》是五四新文学运动以来，中国第一套大规模的，较为完整、系统的现代文学史资料汇编，全国60多所高等院校及社会科学研究机构近400名专业人员参加了编写工作。2007年，文学研究所启动《中国文学史料全编》工程，“现代卷”即以这套丛书为基础，统一装帧，分为甲、乙、丙三编，集中出版。

对于史料的系统整理，引发了一系列新的研究课题。

在古代文学研究领域，老一辈学者中，余冠英、曹道衡的汉魏六朝文学和乐府文学研究，钱锺书的唐宋文学研究，孙楷第的小说、戏曲目录史料的研究，俞平伯、吴世昌的《红楼梦》研究与词学研究，等等，都成为相关研究领域最重要的学术成果。在他们的引领下，文学所的古代文学研究在相关研究领域依然保持旺盛的学术创造力。

近现代文学研究，随着史料的整理，别开生面。唐弢先生的鲁迅研究、现代文学史研究，樊骏先生对现代文学学科建设的贡献，都有目共睹。此外，对“鸳鸯蝴蝶派”“新月派”“新感觉派”的研究，我们在分析清末民初文坛、评价左翼作家创作时就有了更多的参照。文学所的科研人员对于海派、京派文学的研究，对于左翼作家作品的研究，对于清末民初文坛的研究，对于新诗资料的整理研究，对于文学人类学以及东亚思想史的研究，对于海外汉学的关注研究，都以资料研究为基础，立论坚实，多可信据。

四、文学普及工作

中华民族的文学艺术，有着润物无声、潜移默化的巨大功效。文学研究工作者，有责任、有义务把中国文学价值和中华美学精神挖掘出来，贡献给社会。文学研究所创办之初的一项重要工作，就是选编历代文学经典作品。像《诗经选》《史记选》《乐府诗选》《汉魏六朝诗选》《三曹诗选》《唐诗选》《宋诗选注》《唐宋词简释》等书，反复打磨，本身就已成为经典，在社会上产生广泛影响。余冠英、王伯祥、钱锺书、俞平伯等人的名字和声誉，也逐渐走出学术圈，为广大读者所熟知。最近四十年我们又编选了《不怕鬼的故事》（增订本）、《不信神的故事》、《唐宋名篇》、《台湾爱国诗鉴》、《台湾爱国文鉴》、《台湾小说选》、《中国短篇小说百年精华》以及“文史讲座丛书”十五种等普及读物，还参与中组部组织的干部读本《中国文学名篇》等，积累了丰富的编选经验和学术声誉。计划中的《中国文学读本》，力求精选从古到今、包括台港澳地区的文学经典，展现中国文化的丰富内涵，为当代文化建设与文学发展提供有益借鉴。在实践中我们认识到，一部好的文学作品，写出了人人心中所有、他人笔下所无的境界。一部好的文学选本，就是把要这类好的作品筛选出来，通过阅读，走进作者内心世界，走进作者所处的时代。

自从毛泽东同志《在延安文艺座谈会上的讲话》发表以来，文学的大众化、民族化，一直是中国文学发展的方向。民族化，就是要求文学体现一个民族的特性。这就涉及民族性问题。一种说法认为，民族、国家就是一种“想象共同体”。那么，如何塑造这种想象的共同体，就需要文化的传播来完成。文学研究工作者，有必要深入总结我们民族的传统特性和现实追求，并把这种特殊的文化基因固化为人民大众的行为准则和共同梦想。从这个意义上说，文学研究的普及工作，不仅是传播文化知识，更是传递一种理念、一种理想，甚至还可以说，是在从事一项民族文化集体认同的凝聚工作。

结语：几点共识

回顾我们的学术研究工作，在坚持为人民做学问的前提下，已经形成几点共识。

第一，坚持学术研究的原创性与时代性，始终把理论研究作为提升研究水准的根本方法。

第二，坚持学术研究的系统性与专业性，始终把文献研究作为夯实研究基础的重要手段。

第三，坚持学术研究的继承性和民族性，始终把普及工作作为推广研究成果的重要途径。

我在纪念文学所成立六十年编写的《岁月熔金》（二编）序言中曾有这样的表述：何其芳同志在1954年建所之初提出的“谦虚的、刻苦的、实事求是的工作作风”，或许可以视为文学所精神的一个基本内涵。正是在这种精神的引导下，六十年来，文学所艰辛地探索出一条独特的发展道路，形成自己的传统。首先，贯彻执行党的正确路线，发挥国家级科研机构的引领示范作用，这是文学所成立六十年最基本的经验，也是最重要的特色。其次，遵循学术规律，整合团队力量，夯实学科基础，这是文学研究所在学术界保持较高学术声誉的根本保障。第三，尊重学术个性，鼓励广大科研人员潜心研究，撰写传世之作。而要做到这一点，最根本的一条还是坚持实事求是的原则。第四，贯彻“双百”方针，坚持“二为”方向，实现“双创”目标，把编选优秀的古今文学读本作为一项重要的学术工作。

回顾改革开放四十年来文学研究所的学术工作，我认为上述论断依然可以移到这里作为结束语。

近十年来走向世界的郭沫若研究

魏 建

摘要：近十年，郭沫若研究在国外的境遇与国内对待郭沫若的认知出现了很大的反差。郭沫若研究不仅走出了中国，而且在国外影响越来越大：由外国学者发起、在国外名校注册成立了国际郭沫若学会；以郭沫若为研究对象的国际学术研讨会和高端学术论坛在国外频繁地举行；郭沫若研究在越来越多的国家不断延伸，从亚洲到北美、到欧洲、到澳洲、再到非洲。这些都标志着郭沫若研究的国际化程度不断推进和扩展。十年前，国外的郭沫若研究者主要集中在日本、俄罗斯等少数国家，不仅研究者数量少，而且相互之间缺乏联系，呈散兵游勇状态。近十年，随着国际郭沫若学会和国内学者组织的重要学术活动，国外的郭沫若研究专家逐渐形成合力，初步发挥了合作攻关的优势。郭沫若研究，这一中国的学术课题，获得了越来越广泛的国际关注和更开阔的国际视野。在方兴未艾的国外郭沫若研究景观背后，有许多来自国内的重要推手。中国境内有关机构、高校和学者做了大量卓有成效的工作，推动了郭沫若研究的国际化。

关键词：郭沫若，学术研究，国际化，走向世界，对话

Guo Moruo Study Going to the World in the Past Decade

Wei Jian

Abstract: The past decade has witnessed a striking contrast between the situation of Guo Moruo study abroad and the cognition of Guo Moruo at home. Guo Moruo study has not only gone out of China, but had more influence than ever abroad. International Guo Moruo Academy, initiated by foreign scholars, was registered and founded by elite foreign universities; international symposiums and high-end academic forums, taking Guo Moruo study as the object, have been held abroad frequently; the study has been carried out in more and more countries. These mark the continuous deepening and extension of the internationalization of Guo Moruo study. Ten years ago, foreign scholars of Guo Moruo study were mainly found in a few countries such as Japan and Russia. These scholars, small in number, were barely academically connected with each other. Now, with the carrying-out of important academic activities organized by International Guo Moruo Academy and scholars at home, the foreign experts on Guo Moruo study are gradually cooperating and beginning to show more advantage in making concerted effort in this study. Guo Moruo study, a Chinese academic subject, has drawn more and more concern from abroad and opened a broader international vision. Behind the unfolding Guo Moruo study abroad are lots of important researchers coming from China. Domestic institution, colleges and universities and scholars concerned have done lots of effective and fruitful work, promoting the internationalization of Guo Moruo study.

Key words: Guo Moruo study, International Guo Moruo Academy, *The Goddesses*, documentation and historical materials

学术研究的国际化程度是衡量一个学科或研究对象学术水准的重要标尺。作为具有世界影响的中国文化巨人，郭沫若虽出自中国，但郭沫若研究不应局限于中国境内，而应是属于世界的。最近十年，在中外学者的共同努力下，郭沫若研究的国际化程度不断推进和扩展，不仅提升了自身的学术水平，而且带动了相关研究领域的国际化步伐。

上篇　国外风景

2008年以来，郭沫若和郭沫若研究在国外的境遇与国内对待郭沫若的态度出现了很大的反差，国外郭沫若研究的热度远超出国内学人的想象。首先，外国学者发起、在国外名校注册成立了国际郭沫若学会（英文缩写“IGMA”）；其次，在国外频繁地举行郭沫若研究的国际学术研讨会或高端学术论坛；再次，郭沫若研究的国际化不断扩大，从亚洲到北美、到欧洲、到澳洲、再到非洲。这十年来一次次在国外举行的国际学术会议，成为郭沫若研究国际化不断扩展的一个个重要标志。

一、“福冈会议”：一个重要的起点

2008年8月31日至9月2日，日本郭沫若研究会与日本九州大学共同举办了“郭沫若与日本”国际学术研讨会。会议在福冈日本九州大学举行。应邀参加学术研讨会的有日本、中国、韩国的郭沫若专家近40人。在会上发言或书面发言的33人，其中作学术报告者29人。[①] 中国社会科学院郭沫若纪念馆的蔡震研究员在会上作了题为“‘郭沫若与日本’在郭沫若研究中”的“基调讲演”，认真梳理了这一课题所取得的研究成绩和存在的不足，并提出了如何深化的具体意见。这次会议虽然叫国际学术会议，其实更像是双边的学术对话。对话主要是在中日两国的学者之间进行的。双方发言的人数几乎对等，会议的工作语言两种：日语和汉语。日本郭沫若研究会会长岩佐昌暲教授的发言，主要论述了

① ［日本］岩佐昌暲等：《郭沫若的世界》，日本花书院2010年版，第265—266页。

20世纪初期日本文坛的未来派文艺思潮如何通过荻原朔太郎影响了郭沫若的思想和创作。中国乐山师范学院税海模教授对郭沫若留学日本的三个方面的人生意义做出了较为充分的论证。会上讨论最集中、最深入的话题是“福冈与《女神》的关系”。澳门大学教授朱寿桐对郭沫若创作的空域背景的研究，上海财经大学教授武继平对博多湾赋予《女神》两种性格的探索，日本学者小崎太一对《女神》与游泳的分析和岸田宪也对郭沫若眼中“千代松原”的考察，共同深化了对郭沫若留日时期特定空间因素与其早期新诗创作的思考。日本学者横打理奈和中国学者陈俐对郭沫若与医学关系的研究，日本学者大高顺雄和中国学者魏建对郭沫若与外来文学（文化）关系的研究，等等，都引起与会者的重视。此外，以藤田梨那为代表的一些日本学者和以黄曼君为代表的一些中国学者的研究成果，都不同程度地推进了郭沫若研究的深化。这次会议的论文集《郭沫若的世界》2010年在日本正式出版发行。

福冈会议的意义有两点值得总结：首先，这是中日两国郭沫若研究前沿学者的一次深层次学术对话。日本学者擅长的史料考证和中国学者擅长的义理阐释，在这次会议上相互补充，相互促进，相得益彰。其次，正是在这次福冈会议上，日、中、韩三国学者的代表酝酿组建一个真正国际性的郭沫若研究的学术组织，并发起筹办一次真正国际化的郭沫若学术研讨会。

二、“华盛顿会议”：IGMA的诞生

2009年8月底，第一次国际郭沫若学术研讨会在美国约翰·霍普金斯大学华盛顿特区学区召开。来自美国、中国、日本、韩国、中国台北、中国澳门的30位专家出席了这次会议。出席这次会议的学者被后人戏称为国际郭沫若学会的“一大”代表。这次会议具有多方面的里程碑意义。里程碑意义之一，诞生了国际性的郭沫若研究组织——国际郭沫若学会（IGMA）。该学会在美国注册，学会办公地点设在位于华盛顿特区的约翰·霍普金斯大学。该学会至今每一至两年举办一次国际学术会议。里程碑意义之二，这次会议的中心议题是国际化的——“世界文学与文化视野下的郭沫若”。里程碑意义之三，多国学者在会议中心议题之下，分别就“国际郭沫若研究活动”“郭沫若与文学研究”“郭沫若与中国文化和中国文字研究”“郭沫若诗词研究”“郭沫若生涯与国际关系和文学”“郭沫若与历史和医学”等专题进行了各自的学术探讨。中国郭沫若研究会会长蔡震、日本郭沫若研究会会长岩佐昌暲、韩国外国语大学教授朴宰雨分别介绍了所在国郭沫若研究的情况。除获奖论文外，日本学者藤田梨那、大高顺雄、河内利治等，美国学者陈小明、周海林等，韩国学者李琮敏、赵洪善、林大根等，其论文和发言都给与会者留下了深刻的印象。日本学者藤田梨那根据论文内容分别运用日语、英语和汉语的学术发言，充分展示了国际化学者的多语交流能力。这次会议设立了“IGMA优秀研究论文奖”和“IGMA优秀青年论文奖”。中国山东师范大学教授魏建的论文《郭沫若文学佚作的报告》、中国澳门大学教授朱寿桐的论文“On the Area Background Guo Moruo's Writings”（《论郭沫若创作的空域背景》）、韩国东国大学教授金良守论文《凝视“关东大地震”的三个视线　郭沫若、李萁永、中岛敦》、中国北京师范大学教授李怡的论文《欲望的生成与焦虑的克服》、中国台湾修平技术学院副教授金尚浩的论文《论郭沫若浪漫爱情诗的思维意象》荣获“IGMA2009优秀研究论文奖”。日本九州大学博士研究生岸田宪也的论文《试论日本九州大学所藏郭沫若相关文物》、中国华北科技学院讲师钱晓宇的论文《并非矛盾之选》荣获“IGMA2009优秀青年论文奖”。（以上均按公布和颁奖顺序排列。）国际郭沫若学会创会会员来自13国50多人。[①] 出席这次会议的会员代表选举藤田梨那为国际郭沫若学会会长、魏建为执行会长，选举藤田梨那（日本）、魏启明（美国）、张宽（美国）、魏建（中国）、朱寿桐（中国澳门）、李怡（中国）、金良守（韩国）、许福吉（新加坡）为首届理事会理事。以这次会议为标志，郭沫若研究迈开了真正国际化的步履。

三、“圣彼得堡会议”：空前的国际化

2012年6月底，第五届远东文学研究论坛暨纪念郭沫若诞辰120周年学术研讨会在俄罗斯圣彼得堡举行。主办方是圣彼得堡大学、国际郭沫若学会、中国社科院郭沫若纪念馆，承办方是圣彼得堡大学东方系及孔子学院。这也是

① 以上论文内容详见PROCEEDING OF INTERNATIONAL GUO MORUO ACADEMY（First World Congress The International Guo Moruo Academy）， Johos Hopkins University Washington DC， USA August，2009；会议信息参见钱晓宇：《第一届世界郭沫若研究学会（IGMA）学术研讨会纪要》，《郭沫若学刊》2009年第4期。

国际郭沫若学会主办的第三次学术研讨会（第二次学术研讨会2010年在中国举行）。本届论坛共有五个议题，第一个议题是“纪念中国现代文豪郭沫若先生诞辰120周年及其对人类文明的贡献”。在这个中心议题之下，还设立了四个分议题：一是郭沫若与20世纪国际文化交流，郭沫若与俄罗斯文学、欧美文学及远东文学；二是郭沫若的多元学术成果——史学、考古学、文字学、书法等；三是郭沫若研究的国际性空间；四是郭沫若的海外传播。论坛邀请两人作主旨报告，一个是俄罗斯科学院院士B. C.米亚斯尼科夫教授，一个是山东师范大学魏建教授。

在推动郭沫若研究的国际化方面，这次会议“亮点”颇多。首先，这是第一次在欧洲举行的郭沫若国际学术研讨会；其次，与会学者的国别大大增加，来自俄罗斯、中国、美国、日本、澳大利亚、斯洛伐克、保加利亚、奥地利、乌克兰、韩国、瑞士等11国的30多位专家在会上作了关于郭沫若研究的学术发言；再次，外国学者提交的论文和对郭沫若的世界意义作了多方位的阐发，其中，俄罗斯学者表现突出，他们多是从人类文明的视野来观测郭沫若。

会议更大的“亮点”来自俄语世界的中国文化光彩。俄罗斯汉学家以良好的汉语基础和中国文化功底投入这次郭沫若研究的盛会。前四届远东文学论坛的工作语言都是俄语和英语。我本人接到作主旨报告的邀请后，要求论坛的工作语言加上汉语。从此开始，以后的历届远东文学论坛，汉语作为工作语言成为定例。这次论坛期间，俄罗斯汉学家们的中文水平之高，对中国文化理解之深，明显高于其他国家的非华裔学者。这次论坛的徽标就是俄罗斯人设计的：一幅惟妙惟肖的郭沫若剪纸头像，其中色块和较粗的线条由120枚郭沫若印章组成。据说，这些印章都是设计者亲自篆刻的。印章形状大小不一；印文有阳文、有阴文，不仅安排得匀称妥帖、疏密统一，而且讲究章法和意趣，显示了极高的中国文化造诣。主持分论坛的俄罗斯学者还能适时地用汉语讲一些玩笑。本届论坛提交的学术论文特别多，论文集编为三大卷，于会前出版。[①]

① 《郭沫若研究年鉴》（2012年卷），人民出版社2013年版，第385—388页；会议论文集由圣彼得堡大学出版社2012年出版。

四、“维也纳会议”：单向深入的突破

2014年9月11日至14日，国际郭沫若学会第四次学术研讨会在奥地利维也纳大学举行。会议主题是：“医学·文学·身体”。会议由维也纳大学东亚研究所及维也纳大学孔子学院承办。与会学者来自中国、日本、法国、德国、马来西亚、奥地利、斯洛伐克等国家。此次会议的所在地，是著名学者弗洛伊德曾经工作过的地方。会议主题“医学·文学·身体”与这样一个具有特殊意义的地点有着密切的关联。

这次会议的专题性很强，在国际郭沫若学会历史上是学术研究“单向深入”的成功范例。会上宣读的多篇论文受到与会者的关注并引发进一步的学术思考：法国巴黎第七大学维克多·维勒米耶（Victor Vuilleumier）的论文《身体的再现、医学与解剖：20与30年代郭沫若小说里的一种含混的态度》，分析了郭沫若小说如何把他对于身体的再现以及对于身体的叙述进行医学化的观测，进而创造出对于身体的一种新再现；并且，医学与身体作为符号或隐喻来运作，承载可能的意义的双重方向：个体或民族，主体性或客观化。山东师范大学魏建的论文《郭沫若“弃医从文”考辨》在会上发表后引发热议。论文以大量的史料考证否定了郭沫若“弃医从文”的学界定论，尽力复原被“弃医从文”说所简化的丰富内涵，并揭示出郭沫若人生选择的复杂性和多种可能性。中国社会科学院郭沫若纪念馆李斌的论文认为：学医受挫，给郭沫若带来了“推理的真”的匮乏，这一匮乏亟须新的科学理论弥补。通过翻译《社会组织与社会革命》、接受马克思主义理论，使这一匮乏得到满足，并成为他此后精神生活的重要一维。日本国士馆大学藤田梨那的论文以《残春》为例，分析结核病作为隐喻在郭沫若小说叙事中发挥的作用，并且发掘出这种小说叙事与这个时期郭沫若尝试心理描写、告白，重视自由恋爱、张扬个性的深层关系。中国社会科学院郭沫若纪念馆张勇的论文在梳理郭沫若留日期间医学专业的学习与早期翻译活动有关史料的基础上，考证郭沫若从事白话文学活动的最初时间，进而回答郭沫若最初文艺选择的方向和创作手法以及早期中国知识分子文化方向抉择等方面的问题。另外，奥地利维也纳大学的冯铁、德国海德堡大学的萧瑟、中国南京大学的沈卫威、日本法政大学的王敏、马来西亚拉曼大学的许文荣以及日本学者川崎馨子等人的论文和发言也都具有较高的学术水平，[①]不同程度地深化了对会议主题的思考。

五、“东京会议”：新的希望

2016年8月下旬，百年来越境的现代中国文学——纪念郭沫若田汉留日一百周年国际学术研讨会暨国际郭沫若学会第五次学术研讨会，在日本东京法政大学召开。会议主要研讨了七大议题：郭沫若留学与异文化认识，郭沫若及田汉留学时期的文学创作，《女神》研究，郭沫若文学对中国古典文学、西方文学、日本文学的接纳与发挥，创造社的文学活动，日本留学生与现代中国文学的关系等。来自日本、中国、美国、法国、韩国等国的40多位学术同人，围绕上述议题发表各自的研究成果并展开了交流和讨论。中国山东师范大学魏建应邀作了重识《女神》的“基调演讲”，主要是通过重返历史现场，还原被遮蔽或扭曲的《女神》，从而重新认识《女神》对中国诗歌的特殊贡献。中国青岛大学周海波对郭沫若《我国思想史上的澎湃城》作了细致缜密的考论。日本郭沫若学会会长岩佐昌暲《关于1920年3月田汉博多访问》一文综合日本气象记录等资料，来考辨郭沫若、田汉等人记忆的偏差，显示了日本郭沫若研究界重视史料考辨的学术传统和扎实严谨的优良学风。同样，乐山师范学院廖久明的《〈我的丈夫郭沫若〉相关问题梳考》、南京大学沈卫威的《郭沫若是如何当选院士的》、华南师范大学咸立强的《田汉参加和脱离创造社时间问题的考辨》等文也都是文献史料研究上的佳作。中国社会科学院郭沫若纪念馆李斌、河北师范大学熊权及美国维拉诺瓦大学周海林围绕郭沫若与河上肇关系展开的讨论给人印象深刻。虽然三位学者观点各异，但扎实的功底、较真精神和坦荡胸襟展现了优良的研究实力和学术品格。法国巴黎第七大学维克多·维勒米耶的论文《郭沫若20年代〈分类白话诗选〉里的歌德译诗：论翻译与陌异性，新诗与跨文化的现代性》从翻译的角度，揭示郭沫若译诗的独特性——在地道的德语分析和诗歌拆解之后，郭沫若在汉语现代改造上的种种尝试被呈现出来。

① 以上论文内容详见PROCEEDING OF INTERNATIONAL GUO MORUO ACADEMY（4nd World Congress The International Guo Moruo Academy），University Wien，September，2014；会议信息参见张勇：《“医学·文学·身体”第四届郭沫若国际学会双年会议纪实》，《郭沫若研究年鉴》（2014年卷），中国社会科学出版社2016年版，第425—427页。

美国布兰代斯大学王璞从翻译与语言的角度考察郭沫若早期新诗，在文学与文化的比较中，用细致的文本分析和语言拆解，还原了诗中“呼语”所代表的“时代精神”。日本国士馆大学藤田梨那的《郭沫若的汉诗创作》，以日本体验为视角比较了郭沫若留学日本前后的古体诗歌的变化，分析其接受西方文学的影响和在此影响下重新审视古典诗歌后在旧体与新诗、古典与现代精神上的尝试与突破。中国郭沫若研究会会长蔡震关注到郭沫若在留日期间文学创作的一个特殊现象——古代文学经典的现代改编，蔡会长通过细致的文本比读，对郭沫若戏剧创作的源头和契机提出了全新的观点。这次会议最可喜的现象是国际郭沫若学会增添了大量年轻新锐，平均年龄比八年前的福冈会议下降了十岁还要多。这为郭沫若研究及其国际化昭示了更大的希望。

六、“埃及会议”：走进非洲

2018年4月23日至25日，“郭沫若与世界文化”高端学术论坛在埃及伊斯梅利亚举行。本次高端论坛由中国社会科学院郭沫若纪念馆、埃及苏伊士运河大学共同主办，由苏伊士运河大学孔子学院承办。来自中国和埃及的30余位学者参加了论坛，就郭沫若与世界文化以及中埃文化交流等问题进行了学术交流。中国社会科学院文学研究所刘跃进研究员、埃及爱资哈尔大学中文系阿卜杜·阿齐兹教授、中国山东师范大学魏建教授、埃及本哈大学中文系迪娜·图哈米博士作了主旨报告。主旨报告之后，有10余位学者进行了大会学术发言，题目涵盖郭沫若研究的诸多领域；所有学者参加了研讨和交流。这也是埃及的郭沫若专门研究学者首次齐聚一堂。其中，中国社会科学院郭沫若纪念馆赵笑洁的发言概述了郭沫若与埃及的渊源，中国社会科学院文学研究所程凯的发言考察了“和平签名运动”在中国的脉络与郭沫若的作用，中国社会科学院郭沫若纪念馆张勇的发言分析了“一带一路”倡议下如何进行郭沫若文化的海外传播，中国社会科学院文学研究所孙少华的发言论述了郭沫若《十批判书》与“新时代”诸子研究。埃及学者的发言集中在郭沫若文学创作方面，例如哈桑·拉加布教授谈了“郭沫若诗歌创作的新收获”、哈桑·优素福教授论述了“埃及人民眼中的郭沫若诗歌价值”，艾哈迈德·阿布·瓦法先生对郭沫若诗歌《女神》进行了分析，拉沙·卡玛尔女士论述了郭沫若的短篇小说，夏依玛·卡玛尔女士谈到郭沫若翻译作品研究的若干问题。论坛上的讨论十分热烈，学者们纷纷表示，此次高端论坛为埃及的中国学研究，特别是对以郭沫若为代表的现当代文化名人的研究，以及中埃学术和文化的沟通与合作提供了一个重要的平台。苏伊士运河大学语言学院院长哈桑·拉加布教授在闭幕式上希望将高端论坛继续举办下去，使中埃学术交流更上台阶。同时，他还提出在埃及设立“郭沫若研究学会”，愿意与中国学者共同推进郭沫若研究的国际化。与此前国内外举办的郭沫若国际学术研讨会相比，这次论坛的学术水平并不高，取得的成果也并不理想，然而，这次论坛有其特殊的意义：这标志着郭沫若研究走进非洲的开始。

近十年郭沫若研究在国外“火”起来了，并不限于以上列举的六次会议，只是这几次会议特别重要而已。这期间国外举办有关郭沫若研究的国际会议还有很多，如2010年6月的日本冈山会议①、2016年4月的加拿大温哥华会议等。十年前，国外的郭沫若研究者，主要集中在日本、俄罗斯等少数国家，不仅数量少，而且缺乏联系，呈散兵游勇状态。近十年，随着国际郭沫若学会频繁的学术活动，这些国外的郭沫若研究专家逐渐形成合力，发挥了合作攻关的优势。郭沫若研究，这一中国的学术课题，获得了越来越广泛的国际关注和更开阔的国际视野。

下篇　国内的推动

以上简单梳理了近十年国外郭沫若研究的概况，主要展示的是国际郭沫若学会与其合作单位组织的学术活动。然而，在如此频繁而且方兴未艾的国外郭沫若研究景观背后，有许多来自国内的重要推手。一些中国境内的有关机构、高校和学者做了大量工作，不断推动郭沫若研究的国际化。

一、中国社会科学院郭沫若纪念馆和中国郭沫若研究会的“组合拳”

在推动郭沫若研究的国际化方面，中国社科院郭沫若纪念馆和中国郭沫若

① 《郭沫若研究年鉴》（2010年卷），人民出版社2011年版，第320—323页。

研究会贡献最大，近年来的成绩尤为显著，主要表现在以下几个方面：

一是通过在国外举办展览会和学术讲座，推动郭沫若和郭沫若研究“走出去”。近十年来，中国社科院郭沫若纪念馆联合北京八家名人故居在国外频繁地举办“中华名人展”，向国外观众宣传包括郭沫若在内的中国现代文化名人。其中，中国社科院郭沫若纪念馆不仅发挥了重要的纽带作用，而且特别注重加强与当地文化机构、学术机构和高等学校的交流。如2012年法国展期间与法国巴黎中国文化中心的交流[①]、2013年巴基斯坦展期间与巴基斯坦旁遮普大学的交流[②]、2014年土耳其展期间与土耳其DOGUS大学的交流[③]、2015年肯尼亚展期间与肯尼亚内罗毕大学的交流[④]、2016年加拿大展期间与加拿大英属哥伦比亚大学的交流、2016年埃及展期间与埃及苏伊士运河大学的交流等。这些交流活动不同程度地促进了中国郭沫若研究会与这些国外机构的学术交流，甚至成为此后重要学术会议的铺垫。在此基础上，中国社科院郭沫若纪念馆与中国郭沫若研究会联手，在国外举办展览会期间同时举办有关郭沫若的学术讲座，借以扩大和推进郭沫若研究的海外影响和国际学术交流。如2015年4月中旬中国社会科学院郭沫若纪念馆的研究人员与中国郭沫若研究会的专家应邀出访新西兰举办“郭沫若与路易·艾黎文化展”并举办学术讲座；[⑤] 在2016年加拿大展期间也请中国郭沫若研究会的专家在加拿大英属哥伦比亚大学作了“中国现代文化与郭沫若”的学术演讲。最成功的是，中国社科院郭沫若纪念馆在埃及建立了“郭沫若中国海外研究中心”，[⑥] 在埃及苏伊十运河大学孔子学院设立了永久性的“郭沫若生平展”和郭沫若雕像，还与埃及金字塔集团达成协议出版郭沫若作品和郭沫若研究成果的阿拉伯文版。

二是与国内外学术单位合作，举办郭沫若研究的国际学术研讨会。以往中国郭沫若研究会主要是在中国境内举办学术研讨会和相关学术活动。从2010年

---

① 《郭沫若研究年鉴》（2012年卷），人民出版社2013年版，第410页。

② 《郭沫若研究年鉴》（2013年卷），中国社会科学出版社2015年版，第536页。

③ 《郭沫若研究年鉴》（2014年卷），中国社会科学出版社2016年版，第518—519页。

④ 《郭沫若研究年鉴》（2015年卷），中国社会科学出版社2017年版，第448—449页。

⑤ 同上，第445—446页。

⑥ 张勇：《“郭沫若海外研究中心”成立》，《中国社会科学报》2016年8月19日。

起，中国郭沫若研究会、中国社科院郭沫若纪念馆先后与山东师范大学[①]、西华师范大学[②]、四川省郭沫若研究中心等四川省有关单位[③]、俄罗斯圣彼得堡大学[④]、加拿大英属哥伦比亚大学等单位联合举办国际学术研讨会，而且多是在国外举办。2014年6月中国郭沫若研究会在贵阳举行学术研讨会，会议主题就是“走向世界的郭沫若和郭沫若研究”。[⑤]

三是利用郭沫若研究的连续出版物发表和转载国外的前沿学术成果。从2011年起，中国郭沫若研究会、中国社会科学院郭沫若纪念馆先后与山东师范大学、西华师范大学、四川省郭沫若研究中心等单位合作，共同编辑《郭沫若研究年鉴》，每年出一册。《郭沫若研究年鉴》不仅深受郭沫若研究界的欢迎，而且越发受到相关学科学者的高度重视。该年鉴能及时地转载郭沫若研究的最新成果和最新信息，其中包括最前沿的国外郭沫若研究成果，及时报道郭沫若研究的国际化进展。2017年，中国郭沫若研究会和中国社会科学院郭沫若纪念馆又恢复了中断多年的《郭沫若研究》辑刊，其中特辟《海外研究》专栏，大量发表国外最新学术论文。

四是以北京郭沫若纪念馆为基地，不断扩大与国外郭沫若研究专家的交流。中国郭沫若研究会和中国社会科学院郭沫若纪念馆以北京郭沫若纪念馆为基地，每年接待大量中外学者与中国学者进行学术交流，几乎所有著名的国外郭沫若研究专家都到该纪念馆作学术访问。北京郭沫若纪念馆还与许多国外的学术组织一同举办学术交流活动，如2010年与国际芥川龙之介学会的交流活动[⑥]、2012年与国际博物馆协会文学专业委员会合作举办《女神》克罗地亚文首发式[⑦]等。另外，北京郭沫若纪念馆已经成为多所国外大学的教学基地，其中与北京语言大学的合作最为成功。这些国际学术交流活动逐年增多，交流程度不断加深。

---

① 《郭沫若研究年鉴》（2010年卷），第309页。
② 《郭沫若研究年鉴》（2011年卷），人民出版社2012年版，第345页。
③ 《郭沫若研究年鉴》（2012年卷），第389页。
④ 同上，第385页。
⑤ 《郭沫若研究年鉴》（2014年卷），第419—423页。
⑥ 《郭沫若研究年鉴》（2011年卷），第360—361页。
⑦ 《郭沫若研究年鉴》（2012年卷），第410页。

二、郭沫若的故乡：认真做推手

郭沫若故乡四川从来就是郭沫若研究的重镇。近十年来，四川郭沫若研究界，对国际化贡献最大的是四川郭沫若研究中心。该中心2005年在乐山师范学院成立并被批准为四川省教育厅人文社会科学重点研究基地，2007年升格为四川省人文社科重点研究基地。该中心贯彻机构开放的原则，联合省内外、国内外的郭沫若研究工作者一起，组织重大科研攻关，完成了多项重大成果，如《郭沫若研究文献汇要》《郭沫若研究数据库》《郭沫若在日本的史料搜集及研究》等。后者由日本学者申报，并作为四川郭沫若研究中心重点项目立项资助。该课题获准立项后，日本郭沫若研究会高度重视，组织了实力强大的科研团队参与其事，日本郭沫若研究会会长岩佐昌暲教授和副会长藤田梨那教授亲自主持这一课题的研究。他们充分利用日本公私图书馆的丰富藏书，广泛搜集郭沫若在日本的资料并进行分类整理。该课题已于2010年结题。这些资料对掌握日本郭沫若研究现状，更为郭沫若的深化提供了有力的支撑。

四川郭沫若研究中心与四川省高校多次举办国际学术会议，其中近十年影响最大的是“郭沫若与文化中国——纪念郭沫若诞辰120周年国际学术研讨会”。这次研讨会于2012年11月15日至17日在郭沫若诞生地隆重召开。会议由四川省、乐山市及四川有关高校和科研机构与中国郭沫若研究会等九家单位共同举办，由四川郭沫若研究中心等五家单位承办。来自中国、斯洛伐克、克罗地亚、韩国等国的近150名专家学者参加了此次研讨会，共提交会议论文110余篇。[1]

四川省郭沫若研究会主办的《郭沫若学刊》近十年不断开辟有关栏目，如“郭沫若与外国文学 ”“郭沫若与日本”“郭沫若作品在国外”“郭沫若翻译研究”“日本人眼中的郭沫若”“中外文化交流”等，定期发表有关国外郭沫若研究的论文和相关信息。四川郭沫若研究中心每年设立一批研究项目，其中总有郭沫若翻译、郭沫若与外国文学、郭沫若与世界文化、郭沫若的海外传播等涉外的研究课题立项。其中，影响最大的是杨玉英主持的《英语世界的郭沫

① 《郭沫若研究年鉴》（2012年卷），第389—393页。

若研究》，该书[1] 出版后产生了很大的影响，对推动郭沫若研究的国际化发挥了很大的作用。

三、山东学人的贡献

早在20世纪80年代初，山东就成立了郭沫若研究会。这是除郭沫若故乡四川以外，唯一的省级郭沫若研究学术团体。90年代以后，郭沫若研究愈发冷寂，难得山东的郭沫若研究学者执着坚守。进入21世纪以来，以山东师范大学为代表的郭沫若研究成绩较为突出。2007年山东师范大学中国现当代文学学科被评为国家重点学科以后，郭沫若研究被打造成一个在国内外影响较大的学术高地。第一个郭沫若研究的国家社科基金一般项目和第一个国家社科基金重点项目都是该学科获得立项。在这里，郭沫若研究著作的出版、高层次刊物上发表的郭沫若研究论文和高层次获奖，密度极高。平均两年就有一篇郭沫若研究的博士学位论文在该学科通过论文答辩，在郭沫若研究的国际化方面，该学科贡献更大。

其中，影响最大的是2010年8月举行的郭沫若文献史料国际学术研讨会暨国际郭沫若学会第二次学术研讨会。此次会议，由中国郭沫若研究会、中国社科院郭沫若纪念馆、国际郭沫若学会和山东师范大学联合主办，由山东师范大学文学院中国现当代文学国家重点学科承办。会议主要围绕郭沫若研究的文献史料问题，展开了探索、交流与争鸣。较之以往，这次会议的国际化程度有了大幅度提高。标志之一是与会学者的国别多，包括中国、美国、日本、韩国、斯洛伐克、新加坡、奥地利等七国的学者出席了这次会议。标志之二是海外著名学者多，如欧洲著名汉学家斯洛伐克科学院院士高力克，日本郭沫若研究名家岩佐昌暲、藤田梨那，新加坡著名学者吴耀宗等。标志之三是提交会议的论文代表了学术前沿的国际化水平，例如欧洲著名汉学家斯洛伐克学者高利克的论文，从歌德作品的德文原版入手，对照郭沫若的译本，探究郭沫若在最初翻译《浮士德》这一时期所经历的思想变化如何成为他译介这部作品的重要动因；再如美国纽约大学王璞的论文，打通了郭沫若的文学实践和史学实践，勾勒出

① 杨玉英：《英语世界的郭沫若研究》，复旦大学出版社2011年版。

郭沫若古代社会想象中的一个特殊谱系——“公”与“私”的变奏，揭示出这种历史想象力所具有的文化政治的能动性；还有新加坡学者吴耀宗论文，通过分析郭沫若20世纪20年代多篇小说中的父母杀死亲生子嗣的情节，论述郭沫若这种开拓性艺术经营为中国小说所建构的前所未有的现代性；另外，美国学者周海林对在美郭沫若文学研究的考察，韩国学者林大根通过报刊所挖掘出的郭沫若在韩国的接受情况等，对与会学者都有很大的启示。会议期间，国际郭沫若学会再次举行“IGMA优秀青年论文奖”评奖和颁奖活动。[①]

近十年，来山东师范大学中国现当代文学学科在郭沫若研究领域的成绩得到国内外学术界的普遍肯定，应邀出国作郭沫若专题讲座和出席国外郭沫若国际学术研讨会逐渐增多：2011年3月应邀专程到新加坡国立大学中文系作《郭沫若的贡献与局限》的学术讲座；2012年6月应邀出席在俄罗斯圣彼得堡举行的第五届远东文学研究论坛暨纪念郭沫若诞辰120周年学术研讨会；2013年11月应邀到比利时鲁汶大学作有关郭沫若的学术讲座；2014年9月应邀到维也纳出席国际郭沫若学会第四次学术年会；2015年4月应邀到新西兰路易·艾黎学院访问并作有关学术讲座；2016年8月应邀出席在日本东京举行的国际郭沫若学会第五次学术年会；2017年4月应邀出席在加拿大英属哥伦比亚大学举行的国际学术研讨会，还为该校亚洲学院的师生作了有关郭沫若的学术演讲。2016—2017年魏建的论文被日本郭沫若研究会会长岩佐昌暲教授译成日语，在日本《郭沫若研究会报》上连载发表。

国际化不仅要“走出去”，还要“请进来”。在“请进来”方面该学科做了大量工作。近十年，该学科两次邀请欧洲著名汉学家德国波恩大学教授沃尔夫冈·顾彬到该校访问，一次是2012年6月专程来作学术讲座，另一次是2015年5月来出席学术论坛并作大会发言；邀请日本郭沫若研究会会长岩佐昌暲教授于2010年8月来到该学科作学术演讲；邀请国际郭沫若学会会长日本国士馆大学藤田梨那教授分别于2010年和2015年来到该学科作专题学术讲座；2016年9月邀请法国巴黎第七大学汉学研究中心主任宇乐文来该学科作了专题学术讲座。

① 《郭沫若研究年鉴》（2010年卷），第309—319页。

以上这些人都是国外郭沫若研究的一流学者。另外，该学科连续编辑出版了国际郭沫若学会国际学术研讨会论文集，如2010年的国际学术研讨会论文集《郭沫若文献史料研究与国际视野》，于2011年出版发行；再如，2014年的国际郭沫若学会第四次学术年会论文集《医学·文学·身体》中文版，于2015年出版发行。

近十年，来郭沫若研究在国际化方面取得了显著的成绩，但也存在不少问题，很值得总结其中的经验教训。例如，郭沫若研究的国际化来得太快，多数中国学者明显跟不上，在外语水平、国际交流经验等方面大都落后于外国学者；对于研究对象的国际化潜质，无论中国学者还是外国学者，都远没有挖掘出来；中国学者尚未实现与国际通用的学术范式、学术理念、研究方法、研究手段等方面的全面对接；如何解决国际化与本土化的关系，多数中国学者在理论上并未弄清楚；一些国际学术会议论文集的中文版至今未能出版；等等。

然而，我们不应该为“国际化”而“国际化”。推动“国际化”，既是为了世界，又是为了中国，更是为了解决中国当下的学术问题。增强我们与外国学者的学术对话固然重要，推动郭沫若与国内学者的学术对话更加重要，因为国内学人普遍对郭沫若的偏见太深，隔膜太厚。近十年，来郭沫若研究国际化步伐的加快，受益于国内郭沫若研究的推动，而国外郭沫若研究对国内学术研究的大力助推，才是郭沫若研究界以及相关学科专家们更想看到的。

[此文刊于《山东师范大学学报》（人文社会科学版）2018年第4期]

郭沫若与埃及

赵笑洁

郭沫若（1892—1978）是中国著名文化巨匠，他在文学、历史学、古文字学及翻译、书法艺术等诸多领域均有极高的建树，被誉为“中国20世纪百科全书式的文化巨匠”。同时，他也是著名的社会活动家和国家领导人。中华人民共和国成立后，郭沫若先后担任过政务院副总理兼文化教育委员会主任、人大常委会副委员长、中华全国文学艺术工作者联合会主席、中国科学院院长、中国科学院哲学社会科学部主任（现中国社会科学院的前身）、中国科学院历史研究所第一所所长、中国科技大学校长等职。他曾任中国保卫世界和平大会委员会主席，也是中国民间外交的创始人，被海外誉为“中国的外交形象大使”和“飞翔的和平鸽”，为世界和平以及在国际社会公正介绍和宣传中国共产党和新中国做出了特殊贡献。他博古通今，学贯中西，著译浩繁，为人类留下了丰厚的文化遗产和精神遗产，他是中华民族的杰出代表和骄傲。

中国与埃及都是世界文明古国，中国的长江和黄河流域与埃及的尼罗河流域均为人类古老文化的发祥地，中国的长城与埃及的金字塔都是名满天下的世界文化遗产。中埃友谊源远流长，古代“丝绸之路”，当下“一带一路”皆是中埃友好交往和合作的桥梁。

新中国成立后，埃及是第一个与新中国建交的阿拉伯国家和非洲国家。1956年中埃建交以来，两国之间的经贸与文化交往不断深化。作为中国国家领导人、世界和平和文化交流的使者，郭沫若曾两度出访埃及，还曾多次发表讲话和写下诗歌，声援埃及人民接管苏伊士运河的正义斗争、赞美埃及人民与风物，多次会见埃及代表团，他是中埃友谊和文化交流的推动者与见证人。

最初情缘

1920年6、7月间，郭沫若收到好友宗白华（1897—1986，中国现代美学家、哲学家、诗人）从法兰克福寄赠的埃及金字塔画片，为答谢他，郭沫若作诗二首，题为《金字塔》：

其一

一个，两个，三个，三个金字塔的尖端
排列在尼罗河畔——是否是尼罗河畔？——
一个高，一个低，一个最低，
塔下的河岸刀截断了一样地整齐，
哦，河中流泻着的涟漪哟！塔后汹涌着的云霞哟！
云霞中隐约地一团白光，恐怕是将要西下的太阳。
太阳游历了地球东半，又要去游历地球西半，
地球上的天工人美怕全盘都已被你看完！
否，否，不然！是地球在自转，公转，
就好象一个跳舞着的女郎将就你看。
太阳哟！太阳的象征哟！金字塔哟！
我恨不能飞随你去哟！飞向你去哟！

其二

左右蓊郁着两列森林，
中间流泻着一个反写的“之”字，
流向那晚霞重叠的金字塔底，
伟大的寂寥哟，死的沈默哟，
我凝视着，倾听着……

三个金字塔的尖端
好象同时有宏朗的声音在吐：
创造哟！创造哟！努力创造哟！
人们创造力的权威可与神祇比伍！
不信请看我，看我这雄伟的巨制吧！
便是天上的太阳也在向我低头呀！
哦哦，渊默的雷声！我感谢你现身的说教！
我心海的情涛也已流成了个河流流向你了！
森林中流泻着的“之”江可不是我吗？

（载1921年2月13日上海《时事新报·学灯》，
收1921年8月上海泰东书局出版的诗集《女神》）

之前，郭沫若并没有去过埃及，单凭一张金字塔的画片就展开了诗人的想象。这两首诗以埃及的金字塔为题，以“我”为主人公，描述了天、地、人等自然景物、人文景观，乃至整个地球、整个宇宙相融相映的景象，歌颂了“人们创造力的权威”，全诗纵横驰骋，气势磅礴，静中有动，充满着勃勃向上的生机，透过诗中文字，我们仿佛看到了一幅生动的画面；透过诗中文字，仿佛能够体会到郭沫若所创作的时代——20世纪中国的时代精神。这两首描述金字塔的诗歌是郭沫若“五四”时期浪漫主义的代表作，也是最早见到的郭沫若创作有关埃及的作品。

在郭沫若心目中一直认为埃及是个十分遥远的地方，在1929年4月由上海光华书局出版郭沫若所写的回忆散文《我的幼年》（以后又曾改名为《幼年时代》《童年时代》，收入《沫若文集》6卷、《郭沫若全集》11卷时改名为《童年时代》）里，他讲到距离家30里的千佛山，“要往千佛崖去，那简直就和我们现在要往埃及去看金字塔一样困难了”。这里所说的埃及金字塔虽然是郭沫若所描述的心理距离，但是也透露出郭沫若对金字塔古老文明的向往。

声援与诗缘

第二次世界大战结束后，冷战爆发，威胁人民的和平生活。一些国际组织和科学界、文学界、艺术家、宗教界的知名人士发起召集“世界拥护和平大会”又称世界人民和平大会、世界保卫和平大会，目的是反对侵略和战争政策，要求无条件禁止核武器和大规模杀伤性武器。第一次大会于1949年4月20日至25日在巴黎和布拉格同时举行。出席大会的有来自72个国家的2000多名代表。大会通过了《世界拥护和平大会宣言》等10多项文件，并选出常设委员会。其中有法国物理学家弗雷德里克·约里奥·居里、苏联作家法捷耶夫和爱伦堡、智利诗人聂鲁达以及拉丁美洲作家阿拉贡等人，郭沫若是中国的代表，并被大会选为主席团成员。宋庆龄、茅盾、彭真、廖承志、马寅初、萧三等参加了不同届次的世界和平大会。西班牙著名画家毕加索还专门为大会创作了一只飞翔的和平鸽作为会标。

1949年10月中华人民共和国成立，对于在文学、史学、翻译、考古、古文字学等方面已经很有建树的郭沫若来讲，又肩负起了新的使命——被任命为政务院副总理、文化教育委员会主任等职务，他是学者中职务最高的国家领导人，同时也是国家领导人中学术成就最多的学者。由于国家领导人和学者双重的身份，郭沫若担任了很多国内外重要工作，其中一个就是为维护世界和平和国际学术、文化合作交流所进行的工作。

1949年10月2日，也就是在北京天安门广场举行中华人民共和国暨中央人民政府成立庆典的第二天，郭沫若出席了中国保卫世界和平大会成立大会，并在大会上当选为全国委员会主席。1950年11月，郭沫若率中国代表团前往波兰华沙参加第二届世界保卫和平大会，并当选为世界保卫和平委员会执行局副主席（主席为弗雷德里克·约里奥·居里）。因郭沫若对世界和平的重要贡献，1951年12月荣获“加强国际和平”斯大林国际奖金，郭沫若认为自己是“代替中国人民接受了这一次应该属于全国人民的最高荣誉”。（载1951年12月24日

《人民日报》）之后，郭沫若将10万卢布的奖金全部捐出，以此作为保卫和平事业之用。郭沫若国务和学术工作繁忙，但直到生命的最后，他仍致力于世界和平事业和国际文化交流工作，支持埃及人民的独立斗争就是其中的一个实例。

（一）作长诗《埃及，我向你欢呼！》

1956年7月，当埃及总统纳赛尔宣布把英国和法国掌握的苏伊士运河公司收回时，担负着世界保卫和平使命的郭沫若十分关注这场正义的斗争。随着势态的发展，他再也按捺不住自己的情绪，于9月18日作长诗《埃及，我向你欢呼！》，并发表在9月21日的《人民日报》上，声援埃及人民接管苏伊士运河的正义斗争。他用埃及的古老文明为诗的开篇："埃及，我向你欢呼！楚唐卡曼已从金字塔中醒来，司芬克狮发出了吼声，古代的'死书'启示了人类解放史的新的篇页。新生的浪潮通过苏彝士[①]运河，荡击着世界的各个角落。"诗句高昂，震撼，向全世界发出了声音，"全世界都有你的友人，正义是在你的方面，胜利是在你的方面"，并发出"侵略埃及就是侵略阿拉伯国家！"的吼声在诗中他还表达自己的心愿："我今天就甘愿作为志愿军的一员，走到尼罗河边，金字塔的下面，和埃及的兄弟们并肩作战。"全诗跌宕起伏，有理有据，是诗篇，也是声讨侵略者的檄文。英、法、以的侵略行径遭到了来自全世界人民的谴责，在各方面强大压力下，英、法在11月6日宣布停火，随后英、法、以军队先后撤出埃及领土。12月28日，埃及驻中国大使拉加卜致信郭沫若，对其写诗支援埃及表示由衷的感谢。信中说："您写了极为动人心弦的诗篇支持埃及，我谨代表我国政府和人民向阁下表示谢意。埃及人民非常赞赏您的诗篇，电台已经把它广播出去，各报刊也已将它发表。"信中还说，"中国和埃及这两个自我奋发、爱好和平的国家有着良好的友谊关系和文化关系，埃及永远不会忘记您对于我们两国这种友好关系的形成和推进所作的有效贡献和真诚的帮助。"（摘自1957年1月1日《人民日报》）

《埃及，我向你欢呼！》这首长诗，体现了郭沫若作为一名诗人兼政治

---

① 苏彝士，现通称苏伊士。

家的风格。诗句中既有浪漫的畅想，又有政治家的斗志，唤起郭沫若创作《女神》时代的诗风，悲壮而荡气回肠。

（二）从天安门游行到大使馆

在郭沫若发表了长诗《埃及，我向你欢呼！》之后，到埃及人民取得了民族独立斗争的伟大胜利期间，郭沫若以国家领导人、世界拥护和平大会主席团副主席、中国保卫世界和平大会委员会主席等身份，为埃及人民的正义斗争做了大量的工作。1956年9月20日他出席全国人民代表大会常务委员会第46次会议，在发言中表示支持埃及人民的反殖民主义斗争。当得知10月29日，在英法两国的怂恿下，以色列军队对埃及发动了突然袭击，直逼苏伊士运河，打响了第二次中东战争，即苏伊士运河战争之后，在11月3日下午到天安门，主持首都人民支援埃及反抗英法侵略群众大会，并发表讲话，表示要和全世界一切爱好和平和正义的国家和人民一起，坚决制止英法对埃及、对阿拉伯国家和对世界和平的武装挑衅。大会结束后，举行了游行。他与章伯钧、包尔汉等走在游行队伍的最前面，一直从天安门走到位于建国门日坛路的埃及大使馆，并与拉加布大使会见，代表全中国人民表示了支持埃及人民的坚定决心。（讲话全文刊登于1956年11月4日《人民日报》）11月6日埃及人民经过顽强的斗争和不懈的努力，终于取得反对帝国主义侵略、捍卫国家独立和主权斗争的光辉胜利。11月11日郭沫若出席中国人民支援埃及反抗侵略委员会第一次全体会议，并被推选为该委员会主席。陈叔通、包尔汉、廖承志为副主席。（刊登于1956年11月12日《人民日报》）11月13日郭沫若与李四光代表中国科学工作者和全体中国人民致电埃及科学理事会及科学协会，声援埃及的反侵略斗争。（电文刊登于1956年11月14日《人民日报》）

作为诗人、学者和担任了众多职务的郭沫若，为世界和平而奔走忙碌。从埃及人民收回苏伊士运河斗争的半年时间里，他做了大量的工作。从写诗呐喊到引发国际社会的关注，从游行示威到致电声援，从掷地有声的大会发言到国际上的奔波，为世界人民的和平安宁做出了不可磨灭的贡献，是当之无愧的世界和平使者。

中国的“尼罗诗人”

1957年12月12日，中国亚洲团结委员会全体会议召开，会议决定派由郭沫若为团长，包尔汗、楚图南为副团长，廖承志、刘宁一为秘书长的中国代表团，出席1957年12月26日至1958年1月1日在埃及首都开罗召开的亚非团结大会。大会通过了《告全世界人民书》，重申亚非人民坚守1955年万隆会议通过的十项原则。（1958年1月3日《人民日报》）第二天，郭沫若前往库巴宫拜会埃及总统纳赛尔，向纳赛尔总统赠送礼物并转达了毛泽东主席和周恩来总理的问候。1月7日，郭沫若率团圆满结束会议和出访活动后转途回国。回国后不久，郭沫若相继在《人民日报》上发表了十二首五言诗歌，记录和抒发了他在埃及的所见、所闻和所感。（刊登于1958年1月27日《人民日报》）

郭沫若为什么一口气写下十二首诗，用文学的方法来表现这次重要的出访呢？首先，郭沫若是一位诗人，他擅长用诗歌的语言直抒胸臆。其次，诗歌是最容易让人产生共鸣的，而且诗歌也是一种最快捷的文学表现手段。这十二首诗虽不是郭沫若诗歌中的优秀作品代表，但是也体现了郭沫若诗歌的显著特征，即人民性和现实性。这十二首诗的内容有的是对机场迎接的描述，有的是对会议内容的描述，也有游历金字塔、尼罗河、亚历山大宫和开罗市之后对文化遗产和自然景观的慨叹。诗句中处处表达出对中埃友谊的赞美、对埃及人民兄弟般的热情的感谢，对人民的歌颂、对胜利的信心、对古老文明的敬仰、对霸权主义的憎恶，同时，诗句也呈现出郭沫若在埃及短短十天出访的目的和行程。诗虽短，但信息量大，寓意深刻。

时值今日，每每埃及学者谈及郭沫若作诗声援他们的独立斗争和此次出访埃及参加亚非团结大会写下十二首诗歌的历史时，都称赞郭沫若为中国的“尼罗诗人”，这是埃及人民对郭沫若由衷和最高的赞美。郭沫若是世界和平的友好使者、世界文化交融的促进者，更是中埃友谊的参与者、见证者，从他的诗句中我们可以感受到郭沫若对于世界和平的期盼以及对于埃及这个文明古国的深厚情感。

参考书目：

1.《郭沫若全集·文学编》，人民文学出版社1982—1992年版。

2. 林甘泉、蔡震主编：《郭沫若年谱长编（1892—1978）》，中国社会科学出版社2017年10月版。

附录一：

《游埃及杂吟十二首》

本篇后二首最初发表于一九五八年一月十六日《人民日报》，发表时分别题为《月夜度沙漠由亚历山大返开罗途中》《访问埃及古都洛克沙月夜尼罗河上泛舟》，同年一月二十七日与前十首一并以《访埃杂吟十二首》为题发表于《人民日报》。一九五九年收入《骆驼集》时又改作今题。

初到飞机场受隆重欢迎

兄弟新交谊，欢呼震耳聋。
时闻沙拉姆，但听毛泽东。
绿帜挥头上，[①] 鲜花满抱中。
不遑劳步武，被拥出人丛。

离飞机场赴开罗市

夕日红于火，平沙满目黄。
明驼[②]怜瘦削，飞鸟怅苍茫。
古意流风远，新猷岁月长。
何时椰枣树，[③] 种遍漠中央？

---

① 作者原注："埃及国旗为绿色星月旗，星月呈白色。欢迎者人手小旗一，在头上挥动，不断高呼'沙拉姆'（阿拉伯语：和平）和'毛泽东'。"

② 明驼，指骆驼。古乐府《木兰诗》："愿借明驼（驼）千里足，送儿还故乡。"

③ 作者原注："椰枣树，埃及名Balakh，树如椰子树，其实类枣。埃及多有之。中国古籍中有海枣、金枣、波斯枣、千年枣、万年枣等名。"

宿开罗市Seminamis旅馆[①]

炜炜堡头桥，霓虹夜不消。
雄狮双座镇，神隼一徽标。
新月天心近，喷泉水面高。
春申[②]相仿佛，煮茗话良宵。

在塞得港参加胜利节[③]

荡荡苏彝士，长河大陆通。
埃人百万血，抗敌一年功。
海盗逋逃尽，居民庆典隆。
只今塞得港，火炬看熊熊。

亚非人民团结大会团长会议上

兄弟亚非国，受灾历有年。
求同情不异，反帝志弥坚。
独立期平等，共存重主权。
殖民新主义，幻梦势难圆。

亚非人民团结大会开幕

有色夸吾党，光明自东方。
西风今压倒，南向此鹰扬。
国家四十六，代表半千强。

---

① 作者原注："Seminamis，古埃及女王名，旅馆以为号。在堡头桥（The bridge of castle）西端，俯瞰尼罗河。桥头各有铜狮一对。桥之北侧有一埃及国徽可见，其象为神隼。"

② 春申，指上海。

③ 作者原注："一九五六年苏彝士事件后，英法侵略军以十二月二十三日由塞得港完全撤退，埃及政府定此日为胜利节。适届一周年，曾举行盛大庆祝。"（塞得港，埃及东北部海港，扼苏伊士运河北口。——编者注）

种族反歧视，万隆[①]又一章。

亚非人民团结大会闭幕

批判巴黎会，支援莫斯科[②]。
和平声势大，团结道途多。
相助还相学，不挠复不磨。
新年元旦日[③]，共唱凯旋歌。

游Giza金字塔[④]

金字塔三座，威严逼四方。
人狮惊岳岳，王庙忆堂堂。
巨石千钧重，方舟十丈长。
劳工信神圣，奇迹叹无双。

弄舟尼罗河上

双桨掖轻舟，尼罗河上游。
晴光弥六合，天气拟初秋。
泅水人相继，解衣汗尚流。
诚甘三度饮[⑤]，万感足和柔。

---

① 万隆，印度尼西亚爪哇岛西部的城市。一九五五年曾在此举行“亚非会议”，即“万隆会议”。

② 作者原注：“‘巴黎会’指一九五七年十二月十六日北大西洋公约组织会议；‘莫斯科’指十月革命四十周年的直后六十四个共产党和工人党代表会议及其和平宣言。”

③ 作者原注：“开罗会议以一九五八年元旦闭幕。”

④ 作者原注：“Giza金字塔凡三座，系祖孙三代之王陵，均四千六百年前古物。塔为巨大花岗石所砌成，每石平均重二吨半。最大一座为祖墓，计用石二百三十万个云。人狮石像一（Sphinx），甚雄伟，在祖墓前。祖墓前王庙亦用巨石建成，仅存废址。近年在塔旁发现太阳船一艘，木料在一千枚以上。因保藏在密闭石窖中，木质坚固未朽，埃及考古学家正从事复原工作。船甚宏大，系备死者返魂时水路旅行之用。船象在埃及古墓壁画中习见。”

⑤ 作者原注：“埃及口碑：‘尼罗河之水，曾饮一次者，必饮至三次。’”

游亚力山大行宫[①]

海色青如靛，行宫立岸前。
楼台夸富丽，袍服尚鲜妍。
法老终浮海，人民待有田。
尼罗河畔谷，疆场正无边。

夜由亚力山大港回开罗市

明月照荒漠，黄沙直入天。
驰过金字塔，回忆太阳船。
劳力无今古，经纶有变迁。
会看人定胜，万顷化良田。

在上埃及洛克沙市夜游尼罗河

市静人初定，天高月正圆。
古祠群柱立，轻舸一帆悬。
袅袅歌声发，琮琮浪语传。
尼罗河上夜，上下六千年。

（选自《郭沫若全集·文学编》第三卷《长春集》）

① 作者原注："亚力山大港有行宫二座，在地中海岸上，已成博物馆。革命胜利时埃王法鲁克即由行宫之一乘船去国。埃及古语称国王为'法老'。埃及曾初步进行土地改革，但土地分配尚未及贫雇农。"（亚历山大，在尼罗河三角洲西部，滨地中海，是埃及的最大海港。——编者注）

附录二：

郭沫若与埃及大事记

1956年　支持埃及人民接管苏伊士运河的正义斗争

1956年9月18日　作诗《埃及，我向你欢呼！》。

1956年9月20日　出席全国人民代表大会常务委员会第四十六次会议，在发言中表示支持埃及人民的反殖民主义斗争。

1956年11月3日　在天安门主持首都人民支援埃及反抗英法侵略群众大会，并发表讲话。参加大会后的游行，走进埃及大使馆会见拉加布大使，代表全中国人民表示支持埃及人民的坚定的决心。

1956年11月11日　出席中国人民支援埃及反抗侵略委员会第一次全体会议，并被推选为该委员会主席。

1956年11月13日　与李四光代表中国科学工作者和全体中国人民致电埃及科学理事会及科学协会，声援埃及的反侵略斗争。

1956年12月28日　埃及驻中国大使拉加卜致信郭沫若，感谢其写诗支援埃及。

1956年至1957年　中埃文化与学术活动

1956年5月23日　作为中国科学院院长设宴招待埃及古代史学家阿·费克里教授、夏瓦比教授。

1956年5月31日　参加周恩来总理与埃及古代史学家阿·费克里博士和埃及文化使团的会见。

1956年12月21日　设宴招待埃及亚历山大大学教授穆斯塔法·埃尔-埃米尔博士。

1957年10月30日　会见以亚历山大大学校长爱尔赛德·穆斯塔法·赛义德博士为首的埃及文化代表团全体人员。

1957年12月至1958年1月　第一次访问埃及，出席亚非团结大会

1957年12月14日　出席在政协礼堂举行的首都各界人民支持亚非团结大会的集会，并发表讲话，题为《加强亚非人民的团结，促进世界和平运动的发展》。

1957年12月22日　率中国代表团到达埃及首都开罗，出席亚非团结大会。

1957年12月23日　率中国代表团参观军事检阅后，在为抵抗英法侵略而牺牲的烈士墓前献花圈并讲话。

1957年12月25日　出席亚非团结大会各国代表团团长会议。

1957年12月26日　率中国代表团往开罗大学礼堂，出席亚非团结大会开幕式。

1957年12月31日　在亚非团结大会上讲话，发表于1958年1月3日《人民日报》，题为《朋友们的斗争就是我们的斗争》。讲话支持亚非各国人民根除殖民主义，争取民族独立斗争。

1958年1月1日　出席亚非团结大会闭幕式。大会通过了《告世界人民书》，重申亚非人民遵循1955年万隆会议通过的十项原则。

1958年1月2日　往开罗库巴宫拜会埃及总统纳赛尔德，向纳赛尔赠送礼物并转达毛泽东主席和周恩来总理的问候。

1958年1月7日　率中国代表团离开埃及回国。在途经布达佩斯时对匈牙利记者发表谈话，称赞“这次会议是成功的”。

1958年1月27日　在《人民日报》发表《访埃杂吟十二首》，现收《郭沫若全集·文学编》第3卷，题为《游埃及杂吟十二首》。

1970年　第二次访问埃及，出席纳赛尔总统葬礼

1970年9月28日　阿拉伯联合共和国总统纳赛尔逝世。

1970年9月29日　出任中华人民共和国特使，与随员何英离京赴开罗，吊唁阿拉伯联合共和国总统纳赛尔逝世。

1970年9月30日　由中国驻阿联大使柴泽民陪同，往开罗库巴共和国宫吊唁纳赛尔。代表毛泽东、林彪、宋庆龄、董必武、朱德、周恩来等党和国家领导人及本人在灵堂献花圈，默哀。会见阿联临时总统安瓦尔·萨达特，阿拉伯社会主义联盟最高执行委员会成员侯赛因·沙菲、阿里·萨布里，阿联国民议会议长穆罕默德·拉比卜·舒凯尔，代表毛泽东、林彪、周恩来及中国政府和人民，对纳赛尔逝世表示深切哀悼。

1970年10月1日　作为中华人民共和国特使，郭沫若与外交部西亚非洲司司长何英以及中国驻阿联大使柴泽民参加了在埃及开罗举行的纳赛尔总统的葬礼。

（据《郭沫若年谱长编（1892—1978）》整理）

1950年："和平签名运动"在中国

程　凯

郭沫若在新中国建立后曾担任多项政府职务，同时兼任多个社会群众团体的领导，其中一项是"中国保卫世界和平大会委员会主席"。这个"中国保卫世界和平大会"是"世界保卫和平大会"在中国的分支。它来源于苏联在二战结束后为对抗西方的战争威胁所发起的世界和平运动。这一运动虽然由苏联主导，以社会主义阵营国家为依托和主力，但其意图在于打破冷战阵营的区隔，将东西方乃至第三世界的反战社会力量广泛聚合起来，共同抵抗冷战对抗结构会滑向"热战"的威胁。这一运动诉诸了二战后各国民众普遍的和平意愿，在此基础上成功地建立起广泛的统一战线。作为主导方的苏联对和平运动的定位是："现今的保卫和平运动，实质上是无党派的民主运动，而其性质是广泛的、以不同形式和不同程度普及于亿万人们的人民运动"。① 它不以特定的党派立场、政治倾向为前提，容纳各种政界人物、国际组织领袖，注意团结各种有反战意愿的、持进步主义立场的民间力量。它重视联合各种宗教组织、社会团体、工会、妇女组织，通过这些社会组织把和平运动的影响力渗透到社会基层。② 更重要的是，它特别注重利用科学家、艺术家、社会活动家的声望与号

① ［苏联］维斯科夫：《世界人民的反战同盟》，时代出版社1956年版，第24页。

② 一直积极参与和平运动的苏联作家爱伦堡在回忆录中这样描述和平大会的组成："代表大会是否真如报纸所断言的那样是共产主义的呢？我看不是。如果仔细看看发起委员会成员、贺辞、参加者的名单，就可以看到一系列同共产主义思想距离很远的政治活动家、作家、艺术家的名字。……前墨西哥总统卡德纳斯，比利时女王伊丽莎白，亨利希・曼，夏加尔，查理・卓别林，剧作家萨拉鲁克。在形形色色支持召开代表大会的组织中，我发现有这样一些组织：日内瓦钟表技师联合会，巴拿马大学，阿根廷艺术家协会，突尼斯小商贩联合会，挪威家庭妇女联合会，叙利亚保护儿童联盟，以及其他一些同共产党很少相同之处的组织。"（爱伦堡：《人・岁月・生活》，海南出版社1999年版，第313页。）

召力，使他们在和平运动中发挥组织、带动、宣传作用。保护世界和平大会的主席约里奥·居里是法国著名物理学家，在世界和平理事会（1950年第二次大会后组建，由221位理事组成）中有一大批世界知名的文学家、艺术家，像法国的阿拉贡、萨特，西班牙的毕加索，巴西的亚马多，智利的聂鲁达，印度的阿南德，苏联的爱伦堡，土耳其的希克梅特，美国的法斯特、罗伯逊等。而当保卫世界和平大会筹备邀请中国参加时，作为著名文学家和学者，同时又代表进步立场的郭沫若被一致被推选为中国代表团团长与和平大会筹委会主席团副主席。

1949年3月，刚刚从香港一路辗转到达北平的郭沫若接受的第一项任务就是带领中国代表团出席巴黎世界拥护和平大会（后因法国政府阻挠，部分改在布拉格举办）。此时中华人民共和国尚未正式成立。郭沫若等人是以人民团体代表的身份组建了中国代表团。正是在布拉格会议期间，传来了解放军占领南京的消息（4月23日），主席台上的郭沫若激动万分。参与大会的各国代表纷纷向中国代表团表示祝贺，大家相互拥抱，高呼“中国人民解放万岁”“毛泽东万岁”。中国代表团的成员之一，著名画家徐悲鸿后来根据这一热烈的场面创作了国画《在世界和平大会上》，记录下这一历史的时刻。[①]

的确，即将取得革命胜利和建立新政权都预示着新中国将成为人民民主阵营的新成员与重要力量。代表着四亿人民的政府的支持无疑会大大加强和平运动的影响力、号召力，构成对和平运动的重大鼓舞。郭沫若在回国后的十万人群众欢迎大会上就强调：“全世界的人民是把中国的胜利当成了自己的胜利，把中国的胜利认为是争取世界和平的重要的因素。有了中国人民的胜利使世界上两大对垒的力量对比，的确是发生了重大的变化。以苏联为首的和平阵营的力量，是远远超过了以美帝国主义为首的侵略阵营的力量了。”[②]

回国后，筹备新政协、新政府，召开第一届文代会等一系列迫切工作都紧锣密鼓地展开。百忙之中，郭沫若等人仍迅速组建了世界拥护和平大会中国分

---

① 关于该画的讨论可参见莫艾：《徐悲鸿与新中国——围绕〈在世界和平大会上〉的思考》（收入高士明、贺照田主编：《人间思想（第一辑）·作为人间事件的1949》，金城出版社2014年版）。

② 《郭沫若先生讲演词》，《人民日报》1949年5月26日。

会筹备会，并在1949年10月2日——新中国成立的第二天，同时也是世界拥护和平大会常设委员会决定的“国际和平斗争日”——成立了中国保卫世界和平大会。郭沫若当选为主席，刘宁一、蔡畅、廖承志、沈雁冰、马寅初等人为副主席。郭沫若以政务院副总理和文化教育委员会主任的身份兼任中国保卫世界和平大会主席，代表着新中国政府对和平运动的高度重视。这种积极参与的姿态也是新中国成立之初采取“一边倒”外交方针的一个具体体现。郭沫若在成立大会上所作的报告《为粉碎新的侵略战争阴谋而斗争》，把美国缔结军事同盟和推行援助计划视为对和平的最大威胁，称苏联为“世界和平的堡垒”，但他更看重和平大会成立后在资本主义国家、地区得到的积极响应：

> 在法国，法国人民为了响应“国际和平斗争日”，曾展开了大规模的和平投票运动，尽管法国反动政府采取各种威胁、恫吓和迫害等卑鄙手段，企图破坏这一运动，但和平投票已成为遍及全法的运动。在意大利，意大利人民为了反对侵略性的北大西洋公约，曾发动了一个签名运动，意大利反动政府曾用暴力大肆镇压，把数千意大利人投入监狱，但还是有七百万人在反对北大西洋公约的请愿书上签了名。在美洲，美国帝国主义把这里当作是它们侵略的根据地和最可靠的后方，但是事实证明美国帝国主义依然在那里做梦。九月五日，美洲各国在墨西哥城举行了全美洲和平大会，坚决表示了反对战争、拥护和平的决心和意愿，这个大会的召开，表明了美国帝国主义的所谓可靠后方也连根动摇了。①

这些突破了东西方阵营界限的群众运动能够在如此短的时间里得到如此广泛的呼应无疑是对和平大会的巨大鼓舞，愈发坚定其通过广泛的社会动员和群众宣传把反战理念播散到大多数民众心中的信心。于是，在1950年和平大会常设委员会的第三次会议上，发起了一个意在凝聚更广泛共识的“和平签名运动”。它成为世界和平大会发起的或许是最成功的社会运动。而在中国展开的

① 郭沫若：《为粉碎新的侵略战争阴谋而斗争》，《人民日报》1949年10月3日。

"和平签名运动"则成为新中国"全国胜利后最大规模的最有组织的一次宣传运动"。[①]

来自社会主义阵营的和平运动

所谓"和平签名运动"起源于1950年3月19日"世界和平大会"常设委员会第三次会议（斯德哥尔摩会议）所签署的一份简短宣言：

> 我们要求无条件地禁止原子武器，这个恐怖的和大量毁灭人类的武器。
>
> 我们要求建立严格的国际管制，来保证这个决议的执行。
>
> 我们认为，哪一个政府，它首先使用原子武器去反对任何国家的，就是犯了反对人类的罪过，就应该当作战犯看待。
>
> 我们号召全世界一切善良的人们在这个宣言上签名。[②]

这是世界和平大会"曾经通过的所有宣言中最短的一个"，却产生了广泛的效用。至1950年11月，在全球范围内签名支持这一宣言的人数达到了五亿人。

事实上，对和平运动而言，一个一直需要突破的限制是如何从知识分子式的组织、活动状态进入对一般民众的有效动员，发挥"普通人"的力量。就此而言，反核签名运动可以说是一个转折。这一运动成功的基础在于找到了"反核"这一各国、各派、各阶层都忧心的问题，即和平诉求中的"最大公约数"。它的提议简单、明了，淡化政治倾向，从而使它有了广泛的政治适用性和包容度。

由于在核武器装备方面，美国在当时占有优势，因此反核宣言被认为有利于苏联。当时的西方报刊把斯德哥尔摩宣言称作"特洛伊木马"。然而，就

---

① 《中共中央关于继续进行和平签名运动的指示》（1950年8月4日），《宣教工作通讯》1950年23期。

② 《世界和平运动文献（1949—1954）》，世界知识出版社1955年版，第21页。

许多普遍民众而言，对核武器的恐惧、对战争的憎恶常常超过对政治倾向的疑虑。爱伦堡曾举过这样一个例子：

> 我在20年代即已认识的丹麦记者，上一世纪的激进分子基尔凯比告诉我说，他曾怀疑是否应该在斯德哥尔摩宣言上签名：他憎恨战争，但认为禁止原子武器只对一方有利："我问过我的妻子：你可觉得这个宣言偏袒一方？她答道：'也许是的。不过原子弹正斜眼看着我们的孩子们。'她签了名……"千百万男女大概都是怀着同样的感情在宣言上签名的。[①]

在"和平民主阵营"，这一签名运动由于得到政府的推动而成效显著，其普及程度甚至有形式化的嫌疑[②]。而在西方，乃至第三世界国家，签名运动的意义在于给了更多普通人表达反核、反战意志的机会：

> 我在华沙看见了一些法国妇女、意大利妇女、阿根廷妇女、希腊妇女，她们走遍了许多人家，敲过所有的门。我还记得一位意大利的印刷女工，名叫费尔明娜，她征集了一万八千个签名，她叙述她是怎样说服女天主教徒、修女和那些怕共产党就像怕魔鬼似的妇女的。巴西的妇女们带来了一些盛着小纸片的匣子——不识字的农民们都画十字。黑非洲的代表们给大家看了一些用砍痕代替签名的木棍。[③]

最终，在意大利、法国等西欧国家，签名人数也达到了惊人的一千五百万。即便在冷战意识形态根深蒂固的美国，签名人数也达到了三百万。因此，当"美国和美国化的报纸"坚持把这个运动称为"共产党运动"时，意味着"他们把在斯德哥尔摩宣言上签名的亿万人民都赠与了共产党"[④]。

这的确是一场舆论与政治争夺战。由于抢占了"反核"这一制高点，"和

---

① 爱伦堡：《人·岁月·生活》，第362页。

② 在苏联和东欧国家，几乎是"全体成年人"都参与了签名。

③ 爱伦堡：《人·岁月·生活》，第362页。

④ 爱伦堡：《和平拥护者》，《保卫和平》，人民文学出版社1955年版，第318页。

平民主”阵营取得了一定优势。事实上，美苏两边都把对方视为和平最大的威胁，而这种意识来自对敌方的“本质认定”：苏联认为资本主义、帝国主义的本质就是扩张、侵略；美国认为共产主义必然诉诸颠覆、革命，而俄国又有着扩张领土和势力范围的传统。双方各自在这样的基点上揣测对方的意图与行动。

客观上，二战后的形势总体上有利于社会主义阵营，因为法西斯主义的兴起与覆灭暴露了资本主义的政治危机，战后西方老牌资本主义国家多处于收缩通道中。这使得美国对苏联的扩张意图有着更敏感的估计，从而采取一种全球范围内的“积极遏制”策略。这造成美国在相当程度上站到了各个地区进步、解放势力的对立面，加剧了许多地区内部的政治、军事冲突。而苏联虽然在扩展周边的安全区域、缓冲地带上不遗余力，但其革命意识形态已大大萎缩。斯大林在《苏联社会主义经济问题》（1951年）中提到：“现今的和平运动，其目的是唤起人民群众去为维护和平、防止新的世界大战而斗争。因而，它所抱的目的不是推翻资本主义和建立社会主义，——它只限于为维护和平而斗争的民主目的。”[①]它的理论支持是一种已陷于教条化的社会阶段论——“马克思列宁主义学说指出，只有在一定的历史条件下，在具有一定客观和主观根据时，在一定的阶级力量配备下，革命才能发生”[②]——而无论在殖民地地区还是资本主义地区都被认定不具备社会主义革命的条件。这使得苏联在理解、利用和平运动时主动从马克思主义的一般原则退到了更富现实针对性的战略考虑上：

> 十分清楚，当前的保卫和平运动，没有革命运动所具有的特征。资本主义阵营各国的共产党正确地认识到，革命的口号和任务如果与保卫和平斗争的任务和口号相混淆，只有使保卫和平运动削弱，使它失去全面性和无党派性。……

---

① 斯大林：《苏联社会主义经济问题》，《斯大林选集（下卷）》，人民出版社1979年版，第565页。

② 维斯科夫：《世界人民的反战同盟》，第24页。

> 现今的保卫和平运动，以其成员及其目的来看，都不是阶级的、革命的运动。它的目的不是为了解决关于改造社会的根本问题，不是为了以一个社会制度来代替另一个社会制度，不是为了解决某个阶级的政权问题。它的目的和任务只是防止当前的战争，实现保卫当前的和平的愿望。在保卫和平运动胜利的时候，很可能好战的政府倒台，由另一个准备暂时保持和平的政府来代替。但这不是革命问题。
>
> ……
>
> 当前和平运动的参加者认定，在当前争取和平的斗争中，主要的不是揭露挑拨战争的一般原因，不是企图确定对这一问题的一般观点，而是联合一切不愿意挑起新战争的淳朴人们集中力量为保卫现存的和平而斗争。[①]

如果没有苏联在这一时期相对现实主义的“外政”立场，和平运动难以以一种切实、有效的方式展开。苏联不仅一般性地将保卫和平运动定位于“无党派的民主运动”“人民运动”，更进一步强调“各国保卫和平运动是由具体条件和各该国人民面前的争取和平的首要任务决定的对该国来说切实可行的形式来发展的”，因此推动和平大会制定“对广大人民群众、对各国政府和议会都切实可行的争取和平的具体斗争纲领”。[②]

此外，美苏对和平问题理解的差距尚来自其“安全”观念。在抛弃“世界革命”理想后，“苏联对外政策压倒一切的考虑是对莫斯科所理解的‘安全’的专注”，而其获得安全的途径是在周边地区建立亲苏政权和“缓冲地带”。相比之下，“美国人并不以同样的方式来理解‘安全’。他们认为他们自己的安全需要有一个开放的世界，包括一个开放的东欧”。[③]这使得在苏联看来，美国对欧洲、东亚的干涉超出了维护自己“安全”的范畴，是一种侵略；而美国则认为保证东欧和东亚的经济、政治开放才是自身“安全”的保障。因此，

① 维斯科夫：《世界人民的反战同盟》，第23—25页。
② 同上，第56页、62页。
③ 拉费伯尔：《美国、俄国和冷战（1945—2006）》，世界图书出版公司2011年版，第19页。

在和平问题上，苏联看上去更“现实”，而美国看上去更固守自己的价值信念，更“理想化”。

在斯德哥尔摩宣言发布时，战争的阴云仍集中在欧洲，原子武器的威胁好像也主要发生在美苏之间。但两个月后朝鲜战争的爆发使得“第三次世界大战”几乎近在眼前，但战场并不在欧洲，而在东亚。有研究称，斯大林支持朝鲜发动攻势是为了遏制重新武装日本以及中国革命成功在亚洲会产生的辐射性影响[①]。之后，随着中国军队的介入和联合国军的败退，使用核武器第一次被现实性地加以考虑，而投掷的对象是中国和朝鲜。

朝鲜的军事行动大大加强了反核、反战的现实针对性，也大大推动了民众在斯德哥尔摩宣言上签字的意愿：“在斯德哥尔摩宣言上签名主要是一九五〇年六月二十五日以后，也就是朝鲜军事行动开始以后才征集的，这决不是偶然的事。例如，意大利在这个时期征集了全部一千七百万人中的一千三百万人的签名，美国三百万人签名中的绝大部分是在第二届世界保卫和平大会以前，也就是一九五〇年六月二十五日以后时期征集的。”[②]

在征集签名之初，美国评论家曾轻蔑地说：“让共产党人在他们自己的决议上签名吧，一束纸片是不能改变什么的。”当然，最终美军没有在朝鲜战争中使用核武器不会直接取决于和平签名，而根植于更完整的军事、政治考虑。但是受到广泛支持的舆论仍会在其中起到制衡作用：“我读到了一篇华盛顿通讯，它力图解释为什么美国到现在还不向朝鲜投掷原子弹。……因为‘这在许多国家中会产生不良的印象’。这样看来，‘一束纸片’完全变成实际的障碍了。”[③]

---

① 参见拉费伯尔：《美国、俄国和冷战（1945—2006）》，第87页。而沈志华在《毛泽东、斯大林与朝鲜战争》一书中进一步具体指出朝鲜战争爆发与新中国之间的关系：“斯大林被迫同意与新中国签订的《中苏友好互助同盟条约》，使苏联失去或即将失去它通过雅尔塔体系和1945年中苏条约而获得的远东权益，这主要是指由长春铁路和旅顺口、大连保证的苏联在太平洋的出海口和不冻港。斯大林认为可以替代中国东北而保持苏联在亚洲的政治、经济权益的地区是朝鲜半岛，这是他同意金日成以军事手段统一朝鲜这一计划的最主要的原因和动机。当然，以此阻止中共发动解放台湾的战役（以免进一步刺激美国），很可能也在斯大林的考虑之中。”（沈志华：《毛泽东、斯大林与朝鲜战争》，广东人民出版社2004年版，第13页）

② 维斯科夫：《世界人民的反战同盟》，第59页。

③ 爱伦堡：《和平拥护者》，《保卫和平》，第315页。

“一束纸片不能改变什么”的想法其实来自多方面，既来自和平运动的批评者也来自和平运动的支持者，既来自军人、政客，也来自普通民众。而和平运动正是要把散布在民众中那些基于无力感的政治意识集中起来形成一种政治力量，它的制衡作用的有效性被种种外在条件以及自身的认识所限制，有时成功、有时失败，但它是对单纯把政治交付政客、权力的持续抵抗。

反核签名运动之所以被称为“成功”的，并非由于它直接影响了使用核武的决策，而是因为它有效地扩展和深化了和平运动，突破了社会主义阵营的和平运动原有的种种限制。但恰恰是阶段性成功鼓舞和平运动提出进一步的政治要求，比如，建议五大强国——美国、苏联、中国、英国和法国——彼此之间签订和平公约。这一新的签名运动虽然得到“和平民主”阵营更不遗余力的支持，签名人数也达到创纪录的六亿人，但对普通人的影响却不及前者。因为“这对于普通人只是抽象的公式——大家都记得希特勒签订过多少不侵犯条约”。[①] 更重要的是，五大国缔结和平公约的号召中包含一些明显的政治导向——比如，让中华人民共和国代表中国而排斥台湾的国民党政府——以及普遍人会怀有疑虑的政治意图：像，直接批评联合国，试图以缔结和平公约的方式重建“大国一致原则”以对抗被美国操纵的联合国。事实上，随着朝鲜战争的深化，世界和平大会的议案体现越来越多的政治倾向性，这既是冷战对立加强的后果，也成为阻碍和平运动在冷战格局中进一步发挥其有效作用的羁绊。

在冷战格局下，各自阵营内部都不断生产着对和平、民主、自由等问题渐趋僵化、对立的理解。对于那些既不满意己方的意识形态宣传、也不满意对方的意识形态立场的人而言，或者对于那些处于两大阵营的夹缝中、而对双方抱有批评意见的人而言，如何创造出一个将对立双方相对化的“中间地带”，从中生产、打造另一种认识可能性与实践可能性，就显得至关重要。苏联在二战后强势回归国际社会，并为了争取更广泛的支持而力图构造“和平民主”的“统一战线”，客观上为开辟更多样的和平运动空间创造了条件。在此条件下

① 爱伦堡：《人·岁月·生活》，第396页。

打造出来的“和平民主”阵营的和平运动可能成为一个有立场、有政治倾向，但不被立场和倾向完全决定、制约，而能进一步创造出富于包容性和创造力的认识与实践场所。

“和平签名运动”在中国

由于中国身处以苏联为首的“和平民主”阵营，“和平签名运动”得到了官方的大力推动。1950年5月9日，中央人民政府政务院下达关于展开“保卫世界和平签名运动”的指示。1950年5月13日，作为“中国保卫世界和平大会委员会”主席，郭沫若在中央人民广播电台发布了题为《巩固革命胜利与保卫持久和平》的公开演讲，全面阐述了新中国对战争与和平问题的看法。其中尤为突出对于革命刚刚胜利不久的新中国而言，保卫持久和平是以巩固自身的革命胜利为前提的：“一百年来我们中国之所以落后，就是因为我们失掉了和平建设的保障。……我们今天的胜利虽然在基本上已经把我们的和平争取了回来，但我们的和平还没有全面化，也还没有解除它的威胁。我们今天正应该以扩大我们的胜利来扩大我们的和平，以巩固我们的胜利来巩固我们的和平。”因此，“我们的呼吁并不是向战争贩子们请愿和平，而是要迫使帝国主义者停止侵略。和平是可宝贵的。但和平不是苟且的偷安”。“我们的革命胜利如果愈见扩大，愈见巩固，也就必然地对于世界和平的保卫会有莫大的贡献。”①

随后，5月14日，在“中国保卫世界和平大会委员会”主持下，首都和全国各界人民代表6000余人在北京中山公园举行了保卫世界和平宣言签名运动大会。1950年5月15日，在“中国保卫和平大会”的号召下，中华全国总工会、中国新民主主义青年团、中华全国民主青年联合会、全国学联、全国妇联等群众团体联合发出通知要求在各地展开“和平签名运动”。

正如郭沫若在演讲词中所阐述的，对新中国而言，巩固革命胜利是争取持久和平的必要条件。但另一方面，确保和平环境又是巩固革命胜利的前提。

---

① 郭沫若：《巩固革命胜利与保卫持久和平》，《人民日报》1950年5月14日。

当时，新中国面临的紧迫问题是要从战争轨道调整到和平建设轨道上来。毛泽东对局势的判断是“战争一关，已基本上过去了”。[①] 1950年6月6日，毛泽东在中共第七届中央委员会三次全体会议上作了题为“为争取国家财政经济状况的基本好转而斗争”的报告，认为接下来最重要的任务是“获得有计划地进行经济建设的条件”，由此提出未来三年集中于三方面工作：完成土地改革，合理调整现有工商业，大量节减国家机构所需经费。出于对获得和平发展的环境的希冀，毛泽东特别在报告开始分析了国际环境，认定由于和平民主阵营的扩大、由于中苏条约的签订，新的战争（第三次世界大战）是能够制止的。[②]

的确，对于刚刚经历漫长战争（从1937年全面抗战爆发算起，全国范围的战争已持续11年，尚不包括之前多年的内战）的中国人而言，和平是大家渴望已久的。但《斯德哥尔摩宣言》中阐述的和平立场与维护和平的方式对新中国又具有某种陌生性，存在与中国语境的诸多错位。在《中共中央关于保卫世界和平签名运动的指示》（1950年5月）中特别提到，“由于中国现仍处于解放战争中，由于中国人民对于国际事情不熟悉，而蒋匪特务关于世界三次大战的欺骗宣传亦因此有若干市场”，因此有必要“在进行反对新战争、反对原子武器的宣传运动时”附加一系列的宣导、解释。[③] 可见，此宣言虽然看上去简短、单纯，但并不是一个可以直接付诸投票的文本。对这样一个“外来”的宣言，更重要的是阐释它的意思、内涵、指向，这意味着从一开始签名运动就不是一场单纯的民众投票，而更是一场针对民众的宣传、教育运动。

这场教育运动的核心问题是如何“正确”看待“战争与和平”。不过，除了对这一根本问题的直接把握外，更重要的还在于阐述围绕这个问题的一系列具体认识。

首先，需要疏通，这样一个源自欧洲的签名运动与中国有什么关系。毕竟，核武器的威胁、反核的必要、“反人类”的指控、人道主义的焦虑——这

① 毛泽东：《做一个完全的革命派》，中共中央文献研究室编：《建国以来重要文献选编》（第一册），中央文献出版社2011年版，第282页。

② 毛泽东：《为争取国家财政经济状况的基本好转而斗争》，中共中央文献研究室编：《建国以来重要文献选编》（第一册），第217—222页。

③ 《中共中央关于保卫世界和平签名运动的指示》（1950年5月），《宣教工作通讯》1950年19期。

些宣言背后的观念、意识带着浓浓的欧洲气味，对中国民众而言显得隔膜、遥远。因此，各团体的联合通知特别强调要“在这一运动中提高青年对于国际主义的认识”。①

这里的“国际主义”已不同于“世界革命”前提下的跨国共产主义运动，它特指对社会主义国家、新民主主义国家以及资本主义国家中和平民主力量的连带与认同。从“新爱国主义”宣传中强调“国际主义”的方式就可以看出，它主要指向建立新的国家认同，而非超国家意识。它固然反对狭隘爱国主义，但不意味着破除国家意识，而是要打破国家意识的自足性，在强化国家意识的前提下为其注入“阵营”意识。

对和平签名的宣传特别突出签名是“和平民主阵营”的人民对“被压迫民族的人民和资本主义国家内爱好和平民主的人民”的支持，与此形成类比的是抗日战争、解放战争期间，“我们得到了社会主义国家、国际和平民主的团体以及一切爱好和平民主人士的声援”。② 换句话说，和平签名更多是对他人的“声援”而非直接与自己相关的事。本来，深化“国际主义”意味着能够通过建立“阵营”意识自然产生连带感，但国际主义一旦建立在“自我本位”基础上，则“国际主义”就容易流于抽象观念。因此，在运动推广过程中，如何说明签名与中国老百姓自身的权益、道义攸关成为一个棘手的问题。真正对民众有效的宣传还是一般的“保卫和平”“反对战争”“制止侵略”。因此，在签名运动中，“反核”的内容基本被更具普适性的“保卫和平”“反对侵略战争”所取代。

其次，在一般民众心理层面存在对战争的自然恐惧心理以及老百姓不能左右战争的意识。这样一种被动意识和受害意识交织在一起，使得许多人怀疑展开大规模签名运动是否意味着“第三次世界大战快要打起来了”。宣传为和平而斗争反而导致战争恐慌，这是签名运动中不断碰到的现实。因此，宣传教育中力图扭转那种“打仗”取决于军人、官员、政府的观念，强调民众的意愿、意志本身有力量，甚至可以影响、左右战争的胜负。这与革命战争时期给民众

① 《关于参加和平签名运动的通知》，《中国青年》（第40期）1950年6月3日。

② 《青年团员要热烈响应世界和平签名运动》（社论），《中国青年》（第41期）1950年6月17日。

灌输的意识有一以贯之之处，但其较为特殊的地方在于：民众更容易接受为胜利而斗争的观念，而对于“为和平而斗争”则较为陌生。所以，另一重需要建立的意识是：“和平”不等于“不打仗”，不是一种消极的状态，必须积极争取，所谓不能“坐待和平”。同时，“和平”又不等于“讲和”，不是单方面想避免战争就可以避免得了的，因为“帝国主义就要战争”。所以：

> 要打垮帝国主义的战争计划，就必需动员全世界人民起来，不断打击它的战争计划，尽力地及时地破坏它，削弱它。这就不是空口说说而已，而且要采取实际行动。第二次世界大战之前，人们也要求和平，也反对战争，但是，那时候全世界就没有像今天这样的有组织的和平阵营，所以各国人民争取和平活动就显得软弱无力。今天，世界民主和平阵营已经在苏联的领导下形成了，这是和平的最大保证。但是，已经有了这个保证，还不能坐待和平，而是要时时刻刻地警惕着，斗争着，挫折帝国主义的每一备战步骤。我们不是向帝国主义企求和平，我们是要迫使帝国主义不得不放弃战争。如果全世界人民坚持不懈地这样做了，那末，我们就有可能迫使帝国主义不能不接受和平。①

这里，一方面强调“人民的力量”，“采取实际行动”的必要，另一方面强调人民的力量、意志是经由“有组织的和平阵营”的领导才能发挥实际效用。

与此同时，在那些初步具备了国际主义、“和平民主”等观念意识的青年和知识分子中也会产生认识上“各种程度不同的片面性”。这些“片面性”往往来自于接受上的偏差和某些方面的夸大运用。比如，认为既然帝国主义的本质在于战争，则战争就是不可避免的，因此反对战争没有用；或认为战争必然削弱帝国主义，因此战争对和平民主阵营有利；再加上相信帝国主义必然失败，甚至有“迟打不如早打”的说法。马克思主义常常强调对现实的认

① 吴冷西：《战争与和平》，《中国青年》（第41期）1950年6月17日。

识不是直观的，而是以“理论”为依据、为中介展开，但是仅靠粗浅、简单的理论理解和逻辑展开来把握现实必然不断产生扭曲，甚至臆想。这或被称为“教条”，或被称为“片面”。这同基于自然意识的“错误认识”恰好构成对立——一个过于悲观，一个过于乐观——但一样危险，而亟须纠正。

事实上，恰恰由于处于不断变幻的革命形势中，所谓革命理论、革命原理都需不断根据现实加以调整。比如，在帝国主义与战争的关系上，以往革命年代强调战争会导向革命，加速帝国主义毁灭，但二战后，社会主义力量已在多国取得胜利。这个时候，共产党开始强调社会主义可以通过和平竞争战胜资本主义：

> 和平的安定的环境，有利我们中国人民以及苏联和各新民主主义国家的建设。苏联的经验证明，人民的国家在和平建设中是能够很快地赛过帝国主义的。越是长久地保证和平，人民民主阵营的力量就生长得越大，全世界人民的觉悟和组织就越强，而帝国主义就困难越多，危机越重。这就更便利于最后推翻帝国主义的统治，争取持久和平的到来。①

在此大前提下，帝国主义固然被看作“纸老虎”，但更突出“战争毕竟是破坏”，对人民不利，对亟须进行和平建设的新民主主义国家不利。这看似迎合了一般人的自然立场，但却是要经过一系列有效的分辨、认识的提高才能“自觉”地掌握。这也是签名运动要努力被塑造成教育运动的原因：认识过程、与错误认识斗争的过程比要获得的结论更重要。

尽管组织者力图将签名运动打造成教育运动，但这样的理想状态并不容易达成。上海在签名运动的总结中提到：

> 当时没有抓紧时间作深入的动员布置，各级干部们也没有能充分认识到和平签名运动不仅是打击帝国主义战争贩子的有力武器，同时也是进行

① 吴冷西：《战争与和平》。

群众教育的良好机会。甚至有人认为和平签名不合国情，对这一工作缺乏信心。在这个运动进行的初期，因为一些干部们的思想搞不通，没有很好地去宣传和动员群众参加签名，结果竟使这个运动流于形式，形成自流，直到六月中旬，签名者才不过八十多万人。[①]

所谓“和平签名不合国情”反映着一系列的问题。首先是对“和平”问题的定位仍未找到与民众切身的相关性。为了教育民众所进行的一系列理论分辨多停留在“一般性观点”上。另外，签名这一形式意味着什么，是否有用，大多数民众普遍抱有疑虑。毕竟，签名作为表达政治意愿的方式与个人的独立意志、公民权、民主投票等一系列现代民主实践方式和自觉意识相关。这些对于绝大多数中国民众而言相当陌生。这在签名运动从大城市转向中小城市以及农村后表现得更加明显。有的老乡针对宣传口号“加紧生产，保卫世界和平”提出：“加紧生产是咱的事，保卫世界和平打老蒋是解放军的事，咱签名不顶事。”甚至有人认为签名是为了抽壮丁。[②]事实上，对于“签名”“原子弹”这些概念，许多底层民众完全不明所以，引起不少让人啼笑皆非的误解。[③]与这样一种不理解互为因果的是签名运动中的形式主义倾向，为签名而签名：

有一个农村的团支书，还没有弄清和平签名的意义，就召开支部大会叫团员签名，团支部书记在大会上说：“上边来了个紧急任务，叫我们在这个书上签名，请大家来签吧！”有些团的干部和团员，在进行宣传动员工作时，只单纯地说：“要和平就得在这上签个名。”群众提出问题，就无法解答。[④]

---

① 程光锐：《四百万人的签名是怎样征集的？——介绍上海和平签名运动中的工作经验》，《人民日报》1950年9月7日。

② 刘修正、杨今豪、凌峰：《青年服务部和平签名宣传队》，《中国青年》（第47期）1950年9月9日。

③ 东北局宣传部发布的《沈阳保卫世界和平签名运动简报》中提到有老百姓把“签名”误解为“牵民”，认为是要移民搬家。（《宣教工作通讯》1950年19期）

④ 《加强和平签名的宣传》，《中国青年》（第47期）1950年9月9日。

真正使得流于形式的“和平签名运动”获得改观、拓展的契机是朝鲜战争的爆发。在运动的第一阶段，签名主要集中在大城市，从5月中旬至6月底，共征集签名2671万。1950年6月25日，朝鲜战争爆发，随后美国第七舰队进入台湾海峡，为表示抗议，中国保卫世界和平大会委员会和其他人民团体共同组织了“中国人民反对美国侵略台湾朝鲜运动委员会”（7月10日），在全国范围内开展“反对美国侵略台湾朝鲜运动周”（7月17日起）。7月1日，郭沫若再次在中央人民广播电台发表公开演讲，回答在美国已展开针对中国军事行动的形势下，是否还有继续展开“和平签名运动”的必要。他又一次强调：“保卫和平的意义就是反对帝国主义的侵略战争。禁止使用原子武器，事实上也就是禁止使用任何武器从事侵略。因此，我们的签名运动，并不是向帝国主义者求和，而是向帝国主义者示威。我们是宣誓：要动员广大的群众来反对侵略。”① 因此，“和平签名运动”不但要继续展开，还要加紧展开。

的确，如日后运动总结中所说：“反对美国侵略运动的蓬勃开展，对全国人民进行了一次有效的政治教育，使中国人民更加认识了美国侵略者的真面貌，并进一步了解了为保卫世界和平而斗争的重要性，因而把中国的和平签名运动推上了一个新阶段。”② 到7月底，和平宣言签名人数即突增至5000万人以上，8月26日，又增至8600万人。比6月底签名人数增加了二倍以上。8月中旬之后，美军跨过“三八线”作战的可能性越来越大，中国人民保卫世界和平反对美国侵略委员会随即于8月13日发出了“扩大和平签名运动，争取两万万人参加签名”的号召。9月中，美军实施仁川登陆并很快打到了鸭绿江边，美国的飞机也进入中国境内。在战争迫近的形势下，签名人数迅速上升，仅8月13日至8月25日，12天的时间里，就有19342711人签名。到10月10日，签名数已达1亿7569万余人，至11月中旬，最终增加为2亿2373万多人，超过了预定目标。

签名数目的飞涨只是一种结果，真正发生变化的，是“帝国主义侵略战

---

① 郭沫若：《由美帝国主义的侵略罪行说到和平宣言签名运动》，《人民日报》1950年7月3日。

② 中国人民保卫世界和平反对美国侵略委员会：《中国和平签名运动的总结》，新华社1950年11月22日讯。

争”从理论可能变成了发生在身边的现实，由此，“为和平而斗争”也从别人的事变成了与自己密切相关的事。同时，组织者对借“和平签名运动”进行反战动员的态度变得空前积极。1950年8月14日，《人民日报》发表社论《为在全国争取两万万个和平签名者而奋斗》。其中提道：

> 全国人民应当认识：和平签名运动不但是一个签名运动，而且是我们全国人民所上的一次无例外的政治课，而且是我们全国人民力量的一次空前的大检阅，大示威。……保卫世界和平，就是保卫我们每个中国人的生命财产。……朝鲜人民的英勇斗争，加上以苏联、中国、东欧的八万万人为中坚的全世界人民反侵略斗争，是完全能够把帝国主义的战争贩子们打败的。这个真理，必须成为全中国每个穷乡僻壤的每个家庭中的普遍常识。

由此，“必须停止与纠正对保卫和平宣传工作中的敷衍态度，例如在对待征集和平签名运动时，不通过它进行广泛深刻的保卫和平的思想教育的现象。必须改变在任何认为和平签名无足轻重的看法，而教育群众认识它的重大的动员意义”。①

这已经不是一般性的讨论战争与和平问题，而是反对正在朝鲜半岛进行的战争。问题是，为什么朝鲜半岛发生的战争与每个中国人的生命财产密切相关？其背后更真实的问题，是中国是否有必要介入朝鲜战争中去。当然，实际上，朝鲜战争已经影响到中国，美国已做出了从“遏制”转向积极干预的政策调整。新中国固然可以选择不军事介入朝鲜战争，但这并不意味着可以由此减弱、淡化、回避美国不断加强和逼近的威胁。在这样一种情势下，“国际主义”已经不是一般、抽象的原则立场，而是有了切身相关性。

基于这样的现实，和平运动被赋予一系列具体内涵：“反战”被进一步强化为“反侵略”，它的具体指向是“反美”，而“反侵略”的目的在于“保卫

① 《对于保卫世界和平的宣传的意见》，《中国青年》（第46期）1950年8月26日。

胜利果实”，防止美蒋、日本卷土重来（与宣传反对美国介入台海，反对美国重新武装日本相配合）。这使得反战和平宣传获得了与民众切身利益与切身感受结合的联结点。事实上，对民众宣传中最有效的手段是调动老百姓对以往抗日战争、解放战争的记忆。尤其是日本的侵略占领给中国老百姓带来的苦难深重，每每成为“诉苦”大会的主要内容。宣传队因势利导，强调美国走的是日本的老路，先占领朝鲜，再侵略中国；并且，美国正在加紧重新武装日本、支持蒋介石，不反侵略则解放前的苦日子又要回来。这使得那些过去受苦最深、解放后“翻身”意识最强烈的人积极地投入签名运动。签名运动成功的一个重要基础就是充分调动了解放初期民众对共产党、政府乃至领袖的信任。像和平签名宣传队在村里向老乡说明签名的必要时，就专门提到“毛主席也亲自签了名”，以此打消老乡对签名的疑虑。①

不过，对民众宣传的有效并不仅仅来自调动普通人的利益得失考量。真正在宣传活动中发挥了积极作用的是一些普通人的社会责任意识。比如，宣传运动中突出的现象是妇女起到的作用。全国妇联曾提出要为妇女在签名中占到1/3的比重而奋斗。但实际上，在许多地方，妇女签名占到了一半，甚至70%。各地涌现的宣传积极分子中有许多是家庭妇女。像北京市签名运动中表现最突出的是两位五十多岁的老大娘高玉泉、张杨氏。这两位缠足的老大娘每天自带干粮去游人众多的地方宣传，共征集了8234人的签名。在相关的报道中可以看出她们的经历颇富代表性：“高玉泉三十岁就守了寡，张杨氏二十多岁就被丈夫遗弃了。在日本统治时期，高玉泉儿子曾被抽壮丁抽走了，因体格不好才逃脱。她们都是旧社会中受苦的妇女，经千辛万苦才把儿女带大了。”这种为生存、为维持家庭而挣扎的生活对旧社会中的穷苦人来说是极为普遍的。解放后，她们的儿女各自找到了工作，有的教书、有的上学、有的在军队中做医务工作，生活都有了保障。“由于儿女的影响，二区中苏友好协会八支会和第八派出所工作同志对她们的教育，她们先后成为八支会的会员。……她们不但工作积极，学习也很努力。每日早晨的学习必到，回到家有空就写字看书，……

① 刘修正、杨今豪、凌峰：《青年服务部和平签名宣传队》。

张杨氏不但自己努力学习，提高了文化程度，而且还带动了弟媳妇一起参加学习。”[①] 从这些简单的经历可以看出，“解放”对她们并不是抽象概念，而是同生活中一系列实质性变化联系在一起：首先是从动荡的生活中解脱出来，有了安全感，获得了生活保障；其次，她们自己的生活也从单纯为家庭服务转向承担社会工作，开始学习文化，学习政治，从而建立起新的社会认识、社会责任。“她们感到在人民政府领导下，生活好多了，儿女都有了工作，不愁吃也不愁穿。觉得自己也应该学习一些文化，提高自己的工作能力，好为社会做些事，才不会落在儿女的后面。”这里，“不会落在儿女的后面”是朴实而真实的动机，换句话说，她们社会责任意识的建立是以儿女、以家庭为中介建立起来的。事实上，“新”“旧”社会转化的过程中，子女、青年的迅速“进步”，与父母、家庭的相对“保守”“落后”所造成的隔膜和对立构成很突出的社会现象。因此，原来固步自封于家庭中的妇女积极参加社会活动不单是表现政治上的积极，更有一种跟上子女步伐的内在要求。而且她们的积极更富于带动作用，因为她们会直接影响到家庭成员，影响日常生活。就此而言，和平签名的内容固然对她们有天然感召力，但更重要的还是以此为契机激发出她们的社会责任意识。

当然，对一般民众而言，如果没有集中的组织、动员，社会责任感与连带意识不一定能自然地表达。因此，签名运动深化的另一个必备条件就是充分调动各级组织进行动员。强调组织的作用，在运动中建立组织，以组织推动运动，一直是共产党行之有效的经验。在运动初期，各大城市就成立了28个“中国保卫世界和平大会”的分、支会。而在深化阶段，政府更强调要充分发动当地人民团体、民主党派、政府机关、部队进行广泛宣传。在《为在全国争取两万万个和平签名者而奋斗》的社论中就提出：

> 进行宣传动员的方式可以多种多样。但是无论用什么方式，总要有一定数目的担负宣传工作的人员。凡是进行签名运动的地方，最好先征集

① 王柏：《签一个名，就增加一分力量》，《新中国妇女》（第14期）1950年9月。

一批为签名运动服务的宣传员。各民主政党的党员，各人民团体的会员特别是农民协会会员，少年儿童队员，青年团员和学校里的学生和教师，部队的政治工作人员，和一切种类的艺术工作者，都可以充当这样的宣传员。他们可以在街头、市集和会议中征集签名，也可以挨户进行家庭访问，……我们有了几十万几百万这样的和平战士，这样的宣传员，我们的国家的组织性和巩固性，就是大大地提高了，我们在宣传战线上，就是无敌的了。①

针对运动初期的敷衍现象，如何将为签名而签名转变为真正的教育运动是运动质量提高的关键。上海在运动总结中提出“过去开大会，搞大游行等老一套的宣传方式已不够用”，因为，“和平签名运动是一件非常具体的工作，必须广泛深入各阶层向群众宣传动员，才能使每一个人了解到和平签名的伟大意义，使每一个人自愿地在和平宣言上签上自己的名字”。② 为此，他们总结出一系列经验：首先是要搞通干部思想，“先干部、后有组织群众，进而推向无组织群众”，层层推进；其次是利用各种宣传工具（大小报纸、广播电台、影院、剧团、宣传队、宣传小组等），运用生动活泼的宣传方式（报告、漫谈、漫画、诗歌、快报、活报、街头宣传、里弄座谈、乘凉晚会、家庭访问、化装表演、改良戏、腰鼓队、秧歌舞、说书、广告等）；再次是发挥积极分子作用；同时强调向群众学习，创造新的工作方法，耐心解答群众的疑问。③ 同样的状况也存在面向城镇、农村的宣传中。为了让签名运动深入农村，各地组织了“和平签名宣传队”下乡宣传，“白天用腰鼓、图片展览、说说唱唱、发‘和平窗花’、讲演等为工农大众及一般市民乐于接受的活动方式，晚上举行

---

① 《为在全国争取两万万个和平签名者而奋斗》，《人民日报》1950年8月14日。

② 程光锐：《四百万人的签名是怎样征集的？——介绍上海和平签名运动中的工作经验》。

③ 总结中提道：“群众常常向宣传工作人员提出问题，有时也就群众所提出的问题展开辩论，例如‘为什么签名？’‘三次世界大战会不会发生？’‘朝鲜战争是谁发动的？’……像这类的问题，不是一句话可以解释清楚的，由于有些群众认识不清楚，常常提出相反的意见而展开辩论。但道理愈辩愈明白，最后问题总会辩论清楚。宣传工作人员就从辩论中吸收经验，在下一次进行宣传工作时，把宣传员布置到群众中去，让他提出问题和相反的意见，进行问答或辩论，把一个问题很有层次地一点一点地在回答和辩论中解释清楚，使群众彻底了解后自动地签名。”

群众大会，提出加紧生产建设、救灾，广泛地进行保卫世界和平的意义和怎样保卫世界和平的宣传教育工作。”①

事实上，随着运动扩展，和平签名成了“解放以来的最广泛的群众性的一次宣传活动”，“通过这些运动，壮大与健全了各级组织，同时也锻炼了和教育了工作干部，初步学会了突击运动与日常工作相结合的工作方法”。② 并且，它也为下一阶段宣传动员转向“抗美援朝”奠定了基础。随着1950年10月中国军队出兵朝鲜，新中国正式投入一场“热战”。战争动员随即成为主导性问题。10月26日，“中国保卫世界和平大会委员会”与“中国人民反对美国侵略台湾朝鲜运动委员会”在北京举行了联席会议，决议将两个委员会合并改组为“中国人民保卫世界和平反对美国侵略委员会”，仍由郭沫若担任主席。“抗美援朝，保家卫国”的号召也在此后取代了“反对侵略，保卫和平”的反战、反核主题。

不过，值得注意的是，“抗美援朝”的战争动员是在“保卫和平运动”的延长线上展开的。“和平”这一主题在战争状态中反而变得越发真实、可贵。毕竟，介入朝鲜战争与“保家卫国”间是什么关系并不那么容易直观把握，因此，之前和平运动阶段打造的“国际主义”意识、反对侵略战争意识、“保卫胜利果实”意识显然为树立“保家卫国”信念做了有效铺垫。

结语

考察“和平签名运动”在中国的脉络，尤其值得瞩目的是它与发起于欧洲的和平运动的区别、错位，它怎样针对自身状况发展出自己的议题与方式。事实上，“和平签名运动”在新中国如同一场练兵，它是之后一系列全民政治教育和政治动员的先导。就像1950年8月4日中共中央发布的《关于继续进行和平签名运动的指示》中所言：“开展和平签名运动不但是为了积极壮大全世界人民反对帝国主义战争的声势，而且在政治上和组织上都有极重大的意义。”

① 刘修正、杨今豪、凌峰：《青年服务部和平签名宣传队》。

② 程光锐：《四百万人的签名是怎样征集的？——介绍上海和平签名运动中的工作经验》。

其政治意义在于“使全国城乡各阶层男女老少”“无例外地上一次大课”，“使他们懂得目前世界大势”。其组织意义在于：“使全党由此发现各阶层人民与无数爱祖国爱正义的积极分子，并由此准备建立一经常的普及全国深入群众的强大的宣传网”，具体而言就是“将党团员人民团体会员和无组织群众中的积极分子组成为可以按级指挥的宣传队伍（例如联共的鼓动员讲演员宣传员等），一声号令便可全部出动，迅即获得结果。”[①] 换句话说，如果说“和平签名运动”在西方社会获得成功的重要经验在于充分调动和运用了既有政治组织、社会团体、宗教社团、社群网络等的政治立场、判断以及组织力，那么对于新中国而言，“和平签名运动”恰好是要对立于社会旧有的认识结构和组织方式重新打造一种新的政治认识与组织方式。

事实上，共产党在新中国成立初期建立“人民民主专政”的实践中要同时解决两种内在相关而又包含矛盾的现实，一是民众的政治参与度低，二是民众政治认识水平不足，从而“必须让他们参与政治活动”；而且这种参与不能仅沦为形式参与，而要充分调动其主动性、自主性，使得“民众”成为作为“人民民主专政”基础的“人民”，所以有必要不断“用民主的方法向他们进行教育和说服”。[②] 然而，一般而言，要使得民众政治参与度提高则提出的政治口号、要求不能过高，不能太超出民众自身的要求与理解。《斯德哥尔摩宣言》的意外成功很大程度上取决于它简洁的内容最大限度地适应一般民众心理。而中国的“和平签名运动”的一方面希望有最广泛的参与，另一方面，这种广泛参与又不能以迎合一般人心理为代价，而要以提高政治分辨力和自主性为前提。中国革命经验中一直强调的“普及”与“提高”的辩证关系以及实际上的相互矛盾在此也有特别的体现。因此，从一开始布置“和平签名运动”时，组织者就在《斯德哥尔摩宣言》原有单纯的内容上附加了一系列复杂的政治理解、分辨作为前提。比如，“不要简单地讲反对战争维护和平，要讲反对侵略战争维护世界和平”，反对战争不等于害怕战争，核武器应禁用、但原子弹并

---

① 《中共中央关于继续进行和平签名运动的指示》（1950年8月4日），《宣教工作通讯》1950年23期。

② 毛泽东：《做一个完全的革命派》，《建国以来重要文献选编》（第一册），第283页。

不能决定战争胜负等，[1]从而使得签名表达意愿本身已不是最终目的，目的在于通过签名使得民众理解“我们关于战争与和平的全部观点”。

然而，透过关于签名运动中种种经验“教训”的报道，我们也能感觉到：一方面签名行动以及通过积极分子构建宣传网的实践获得相当成效，但另一方面，距离最终目的——实现全民的政治教育——还有相当遥远的距离。从党团干部到“无组织群众”，其认识程度仍然存在诸多不理想之处，有时甚至令人沮丧。这种运动所要求的高标准与运动普及中实际状况的落差是颇有意味的症候，因为它在今后一系列的教育活动中不断复现。其问题其实来自双方：民众政治意识的“落后”显而易见，并且难以揠苗助长式地提高；但更重要的是，怎样看待民众自身的政治性意愿与表达，是否应该完全基于自己的政治要求、政治理解对之加以形塑而不顾其原有形态，由此形塑出的政治感觉是否对形塑手段具有依赖性，它能否真正转为“自觉”的政治意识——这些都是革命成功后，共产党寻求自身以及整个社会的进一步“革命化”时所遭遇的困难与困境。

以现在的眼光看待1950年的那场“和平签名运动”容易把它视为一场“政治秀”，但从运动本身及其后续发展（抗美援朝的全民支持）所针对的社会问题、所发挥的政治功能看，显然非“政治秀”所能完全概括。这个运动原有的政治性理念和实践意义何在，而在中国语境中组织者如何在运动中注入自己的政治诉求，它在展开过程中利用了哪些社会、政治、思想因素，在与现实碰撞的过程中又发生哪些调整、变形，都值得深入把握，由此可构成分析新中国成立初期中国社会、政治、思想状况的一个切入点。

这个运动中，多重矛盾性因素交织在一起：民众反战、和平的真实愿望，现实政治中以战争保障安全的选择；共产党的“国际主义”立场，老百姓的“保家卫国”意志；和平运动的人道主义诉求，革命的“反和平主义”倾向；等等。恰恰是这些矛盾因素的彼此作用左右着“和平签名运动”在中国的展开方式。事实上，随着全民投入抗美援朝，“和平签名运动”也逐渐被取代，并

① 《中央关于保卫世界和平签名运动的指示》（1950年5月），《宣教工作通讯》1950年19期。

一直没有重新作为一种可尝试的选择项加以恢复。这样一个运动脉络的弱化、消失对当代中国到底意味着什么，这也许是回到历史去发掘其面貌之后可以进一步追问的问题。

“一带一路”倡议下的郭沫若文化海外传播

张　勇

一

郭沫若既是中国的，也是世界的，郭沫若的文化系统中有着若干世界性的元素。在郭沫若的文学创作中，吸纳融合了西方近现代重要的文艺理论思想，他借助于浪漫主义、泛神论等创作理念，抒写出了中国真正意义上的白话新诗，将凤凰涅槃的青春精神传遍了现代中国；在郭沫若的翻译作品中，他凭借对世界文学和文化的熟稔，进行了创造性的译介，将浮士德、维特等世界经典文学形象介绍给渴求新知的国人，以此实现文化复兴的愿景；在郭沫若的海外生活中，日本近20年的生活经历，使他容纳新知、博闻强记，创造性地进行文化探究，他人生很多重要的第一次都深深烙刻下了日本的印记，借此，他传递给现代中国一幅幅生动的海外生活图景；在郭沫若众多的职务头衔中，中国保卫世界和平大会主席的身份，使他多次代表中国进行了富有成效的外交活动，他的民间外交足迹涉及日本、埃及、古巴等亚洲、欧洲、中北美洲多个国家和地区，为世界的和平与发展做出了重要贡献。可以毫不夸张地说，郭沫若的方方面面与世界文化有着千丝万缕的关联。

作为中国现代重要的文化名人，郭沫若在世界的影响还没有与其文化价值相匹配。放眼于世界文化传播的现状和格局来看，郭沫若在世界文化范畴的影响并不均衡，就目前来看主要还是集中在日本等为数不多的国家之中。

在近百年的日本郭沫若文化传播与研究中，早在1920年初，郭沫若的《抱儿浴博多湾》和《鹭》两首白话新诗，便已经译成日文，在《日华公论》上刊载，这与国内发表的时间几乎是同步的。此后从郭沫若的单篇作品的翻译，到系列作品集的译介，从与郭沫若有关的文献资料收集整理，到文学史学等方面的专题研究，日本的郭沫若文化传播和研究已经构成了非常成熟的学术体系，并且由此也出现了很多重要的研究成果。如秋吉久纪夫的论文《郭沫若诗集〈女神〉的形成过程》《郭沫若的浪漫主义性格》等都提出了一些重要的学术观点，有些方面甚至于超越了国内同时期对郭沫若研究的成果。难怪山口慎一和大山岩认为："假如要指出现代中国新文坛的优秀作家的话，当然会推周鲁迅和郭沫若二人，这是谁都不会有异议的。这两个人的作风是处于完全不同的立场的。周氏是透过冰冷的透彻的目光，沉静、深刻地吟味着人生的作家；郭氏则是燃烧着正义的热情，从革命出发，对人生给以犀利的批判，并且大胆地加以描写。这样不同的两个作家，都可以称之为现代中国文学界的双璧。"（转引自昌元明《日本译介郭沫若著作之一瞥》）

除了日本以外，由于新中国成立后同苏联亲密的外交关系，苏联成为除日本以外对郭沫若研究较多的国家。在苏联的郭沫若研究者之中，最重要的便是费德林，他由对历史剧《屈原》的翻译开始，直至1990年俄文版《郭沫若集》的出版，将郭沫若文学创作全面介绍到苏联。在他的影响下，马尔科娃等一批苏联郭沫若研究专家也不断出现。

随着近些年英语语言体系国家对郭沫若研究的不断加强，在欧美等国家中也展开了对郭沫若作品的译介和研究的工作。1936年英国学者哈罗德·阿克顿与中国学者陈世骧共同翻译了《中国现代诗选》，内收郭沫若《笔立山头展望》《凤凰涅槃》等三首白话新诗，较早在英语语言体系中译介传播了郭沫若的作品。随后各种英语版本的郭沫若作品翻译和专题研究的论文也不断出现。其中不乏高利克的《郭沫若的〈女神〉：与泰戈尔、惠特曼、歌德的创造性对抗》、郑怡的《崇高起源的塑造：郭沫若的〈屈原〉》等海外郭沫若研究较为的权威成果。

为了进一步推动郭沫若研究的国际化和世界化，世界郭沫若研究会于2009年8月在美国约翰·霍普金斯大学宣布成立，并同时召开了以"郭沫若在世界文化与世界文学中”为主议题的国际学术研讨会。2012年6月，由世界郭沫若研究会与俄罗斯圣彼得堡大学等为纪念郭沫若诞辰120周年举办了“远东文学论坛”，该论坛本年度的一个专题分论坛为“郭沫若的成就与对世界文化的贡献”。2014年，由维也纳大学东亚研究所、维也纳大学孔子学院联合举办了以“医学·文学·身体”为主议题的郭沫若研究学术研讨会。这些专题学术研讨会议的召开进一步拓展了郭沫若研究的视域范围，提升了海外郭沫若研究的学术水准，加快了郭沫若文化传播的世界化步伐。

但是，无论是从郭沫若作品译介和研究在世界传播的范围，还是从郭沫若学术研讨会举办的地域范畴来看，都主要集中在日本、欧美等少数几个国家之中，并没有达到全球普遍认知的程度；无论是从郭沫若研究在世界传播的内容来看，还是从学术研究和讨论的主题来看，主要还是集中在作品译介和研究方面，还没有提升到民族文化和国别认知的高度，更没有形成全面系统的研究格局。这些问题的背后从另外一个方面说明，郭沫若文化在世界的传播还有着广阔的空间。

二

郭沫若文化的世界传播如何突破现有的瓶颈，走向更加广阔的领域，在传播中如何改变目前作品翻译和学术思想研究的单一形式，从整体上把握郭沫若文化体系的内涵，让世界借助于对郭沫若的了解，来认知一个全新的现代中国，这才应是目前郭沫若文化海外传播需要解决的关键所在。

2013年9月和10月，中国国家主席习近平在出访中亚和东南亚国家期间，先后提出共建“丝绸之路经济带”和“21世纪海上丝绸之路”的重大倡议，由此形成了“一带一路”的概念和框架，并且得到了国际社会高度关注。因此自“一带一路”倡议提出之后，国内外举办了一系列有关“一带一路”的论坛、研讨会、博览会等，这对增进理解、凝聚共识、深化合作发挥了重要作用，特别是在文化战略上更是开展了丰富多彩的交流活动。这些活动无疑有效地推动了中国与“一带一路”沿线国家的文化交流与沟通，但是如何造成持续性的文化影响力，搭建切实可行的文化沟通平台，形成持之有效的文化交流共同机制，是“一带一路”建设在文化传播与发展上迫切需要解决的问题。

如何让发展的世界了解当代的中国，如何让开放的中国走向多元的世界，是“一带一路”文化建设中的关键环节所在，除了现有的借助孔子学院等教育机构在海外传播中国传统文化知识外，借助如鲁迅、郭沫若等现代中国文化名人的影响力进行海外传播不失为一个重要的途径。这些近现代中国文化名人的文化谱系中既有属于民族性的传统认知，也有属于现代性的世界目光，他们容古今中外文化于一体的共性和个性，恰恰是习近平总书记在哲学社会科学工作座谈会上的讲话所强调的要让世界全面知晓“学术中的中国”“理论中的中国”“哲学社会科学中的中国”“发展中的中国”“开放中的中国”“为人类文明作贡献的中国”的具体体现。具体到郭沫若来讲，他是如何展现出特有的文化价值，从而成为现代中国文化的重要代表的呢？

如果说谁读懂了鲁迅，谁便读懂了近代向现代转型的中国，那么谁读懂了郭沫若，也便读懂了现代向当代转型的中国。中国近现代文化新旧驳杂，中西相容，在这个需要巨人也出现巨人的时代，一位位文化巨匠因时而生，他们以自己特有的文化素养呈现了一场激情澎湃的文化盛宴。郭沫若便是其中不可或缺的一位：他热情如火，时而掀起了一场场文化的论争；他率性而为，常常因言引发误解和争议；他博学多闻，以独到的见解奠定了中国现代史学的根基。总之，了解他越多，对他矛盾性的认知可能也会越来越多，看似悖论的存在，但事实的确如此。但目前我们对这样一个复杂存在的郭沫若的认识，却陷入了简单“对与错”“是与否”的二元评价方式的漩涡之中，特别是仅仅就他某一件事情的“对错好坏”对其臧否，却忽略了郭沫若在现代文化人中独有的“标本”价值。

人文社会科学的研究绝不仅仅是简单地做出价值判断，更主要的是在对研究对象进行评判的基础上，来寻找历史发展可供借鉴的经验和教训，以此来推动对人和对事物的更全面的认知，即我们的研究对象应该起到历史发展的标本示范作用，而不仅仅是对针对单纯个体的简单评判。郭沫若是中国现代文化史上唯一一个从狂飙突进的五四新文化运动走到“科学的春天”的历史人物，他以自己独具审美魅力的《女神》登上“五四”文化历史的舞台，给迷雾重重的中国带来激情澎湃的青春热情和魅力，他见证了中国现代文化发展、蜕变的艰辛和曲折过程。他每一次人生的抉择也绝不仅仅是自我个体的方向之辨，更多地代表了现代中国文化人的道路选择和价值判断，显露了绝大多数现代中国知识分子文化心态的变迁和更迭。

郭沫若标本价值最明显的体现便是他的文化选择折射了中国绝大多数知识分子共同的人生命运。郭沫若和鲁迅等一大批中国现代知识分子选择了基本相同的人生之途。实业、翻译和创作是他们初登近现代中国社会转型期文化历史舞台时的三极构成，这三极有效地建构了他们对世界和文化的最初认知，同时也影响了他们一生。忽略了任何一极的存在都很难对他们做出客观公正的历史评价。而郭沫若便是其中最具特色的代表人物，具体来讲就是学医、翻译、创作的三位一体。医学的选择说明了他依然还停留在旧式传统的思维之中，依靠实业救国，应该“师夷长技以制夷”；但是经过了翻译实践后，他眼界大开，开始重新认识世界，逐渐修正自己之前的思维；而创作便是他向旧传统思维告别、迎接新思想的最好的武器和表征。但这三个方面又不是单纯的替代和延续关系，而是循环往复，在学医和弃医之间的痛苦抉择表现了他在新旧传统之间的徘徊和犹豫，在翻译和创作之间的交叠同样也表现出他在中西文化之间的吸收和转变。随着时间的推移，这三极逐渐隐形统一为他新式的思维方式。在这种思维方式的支配下，他的创作中总是不自觉地重视人物心理阐释而忽视情节建构的样式；他不是单一的作家，除了创作之外还有众多学术研究的论著存世；他的译作中除了文学艺术作品外，也还有多部自然科学、社会科学等有关科学译作。因此，以郭沫若为代表的一代近现代中国转型期的学人，他们的存在是具有世界多元文化的交融共存的共同体。

对于像郭沫若这样独具特色的中国现代知识分子，如果仅仅局限于某一方面的评判、某一领域成就的得失，就会失却了他本有的历史价值。他的存在应该是中国现代文化转型的标本，可为后人寻找、剖析中国历史演进的规律以及中国现代文化发展之途；他的存在也是一个传统民族文化演进的缩影，可为海外民族和国家如何全面认识了解现代中国提供最好的范本和参考。让郭沫若为代表的现代文化名人，走向“一带一路”的文化建设之途，“一带一路”的文化建设也恰恰需要借力于现代中国文化名人的传播效应，借助于对他们历史价值的剖析与界定，向世界各个角落传播文化中国的声音，以此来实现“一带一路”倡议的远景目标。这也是郭沫若文化海外传播的必然性所在。

三

在推进“一带一路”国家文化建设中，从哪个方面来传播郭沫若的文化思想，显现他的文化价值呢？“一带一路”文化建设既有外交领域的策略方针，也有文化范畴的运行规律，而这两方面都是作为现代中国文化标本的郭沫若所具有的特质。在对郭沫若的评价和介绍中，我们耳熟能详的便是：郭沫若是中国著名的文学家、历史学家、古文字学家、社会活动家，其学术成就涉及哲学社会科学几乎所有领域和学科，但是在众多“家”的名号和头衔中，不可避免地、主观地割裂了他众多成就的关联性和统一性，造成了对他单一性的认知。譬如郭沫若曾担任中国保卫世界和平大会委员会主席，多次代表中国出访不同国家，参加世界性的文化会议，被海外誉为“中国的外交形象大使”，既为新中国外交筚路蓝缕，又为世界和平做出过特殊的贡献。但是到目前为止，有关郭沫若的外交思想和外交艺术都还未被关注，更没有在海外文化传播中引起足够的重视。

埃及、印度、巴基斯坦、缅甸、罗马尼亚、肯尼亚等亚非欧国家都留下了郭沫若外交的足迹，而这些国家更是与今天“一带一路”沿线国家有着高度的吻合。因此“一带一路”文化建设为郭沫若的海外传播搭建了全新的文化平台，在现有郭沫若文化海外传播框架体系内，应改变以往单一作品译介以及学术研究的思路和模式，打造全新的传播格局。

在郭沫若众多出访国家中，埃及是比较重要的国家之一。新中国成立后，埃及是第一个与中国建交的非洲国家，也是第一个与中国建交的阿拉伯国家。郭沫若曾两度出访埃及：1957年12月，他率团参加在开罗举行的亚非团结大会；1970年10月，他作为中国特使，参加了纳赛尔总统的葬礼。郭沫若的出访在传统礼节性和事物性基础上，还以自己独特的文学创作使这些外事活动上升到中国文化的传播与世界文化的交流和互动的高度。

“诗歌合为事而作”是古人在作诗时重要的创作主张，但诗毕竟要“缘情而绮靡”，这两个看似矛盾的创作原则，在郭沫若外交活动的创作中完美结合在一起。郭沫若曾用诗歌声援埃及人民接管苏伊士运河的正义斗争，也用诗歌赞美埃及的人民与风物，还用诗歌抒发他在访问埃及时所感受到春风拂面的异域文化。他在完成历史、时政使命的同时，也将文学的审美价值发挥得淋漓尽致。

“我今天就甘愿作为志愿军的一员，走到尼罗河边，金字塔的下面，和埃及的兄弟们并肩作战。”（《埃及，我向你欢呼》）当郭沫若得知埃及人民在争取苏伊士运河进行斗争时，便挥笔写下了以上的诗句，他用自己所擅长的鼓动性句式，以朴实无华的语言表达了挚诚无间的民族情谊。

1957年1月27日，《人民日报》发表了郭沫若的《访埃杂吟十二首》，表达郭沫若在访问埃及期间对异域文化和民族精神的颂扬与赞叹。“双桨掖轻舟，尼罗河上游。晴光弥六合，天气拟初秋。泅水人相继，解衣汗尚流。”（郭沫若《弄舟尼罗河上》）这是郭沫若在尼罗河上所抒发的情怀，他借助中国传统五言诗体的形式临摹了这条埃及母亲河的风韵。特别是“诚甘三度饮，万感足和柔”一句，更是表达了他对于尼罗河所产生的深厚感情。由此，郭沫若被誉为“中国的尼罗诗人”，中国和埃及这两个世界文明古国的文化也在此进行了碰撞和交融。

借助诗歌创作，郭沫若成为中埃民族友谊的推动者与见证人，中埃文化交流的参与者与倡导者。当今，埃及是“一带一路”沿线的重要国家，两国之间文化交往不断深化，特别是民间文化的互通更加频繁。

与埃及相似的是，郭沫若在接见相关国家友人、访问相关国家或者闻听相关国家的事件时，总是留下诸多外交诗篇，如“樽俎之间边界定，衣裳相会敦盘多”（《欢迎缅甸“胞波”》）、“唱出你和谐铿锵的心声，让全宇宙充满永恒的春天”（《在普希金铜像下》）等都是其中典型的代表。诗歌的语言是相通的，它可以跨越国界，跨越民族，实现人类的共鸣。郭沫若正是借助于这种超越民族的文化创新，得到了出访国家的认同和信赖，为新中国外交工作的有效开展做出了卓有成效的贡献，也为今天“一带一路”文件建设提供了可以借鉴的经验和思路。借助于郭沫若的文化名人效应的传播，会更加具有文化交流的认同感和亲和感，必将进一步推进郭沫若文化的海外传播和“一带一路”文化建设的双重目标，取得双赢的效果。

（此文刊于《博览群书》2017年第12期，收入时略有修改）

新文学的世界性视野：郭沫若文学创作中的埃及元素

戚立强

郭沫若是一个拥有真正的世界性视野的20世纪中国作家。郭沫若文学创作的世界性视野主要表现在以下四个方面：第一，郭沫若自新诗创作伊始，诗歌创作就表现出开放的世界性视野，世界各国宇宙万物纷纭涌现在郭沫若的笔下；第二，郭沫若大量地翻译了英、美、德、日、俄等许多国家的作家作品，题材广泛，善于吸纳世界新思潮；第三，20世纪初，郭沫若在日留学十年之久，大革命失败后又曾避难日本十年，这两个时间段是郭沫若文学创作最为丰产的时期之一，长期的海外生活体验使郭沫若的文学创作拥有了开放性的视野；第四，新中国成立后，郭沫若作为国家领导人，出访过世界许多国家，足迹所至，都留下了诗文，这些诗文也都表现出一种世界性的开阔视野，如《宿开罗市Seminamis旅馆》：

> 炜炜堡头桥，霓虹夜不消。
> 雄狮双座镇，神隼一徽标。
> 新月天心近，喷泉水面高。
> 春中相仿佛，煮茗话良宵。[①]

---

① 郭沫若：《游埃及杂吟十二首》，《郭沫若全集》文学编第3卷，人民文学出版社1983年版，第231页。

这是一首域外创作的诗歌。郭沫若在新中国成立后出访世界各国时所写诗文，基本都属于这一类型的域外创作。域外创作是郭沫若文学创作历程中非常引人注目的现象。现代文学中的域外文学创作，大体上可以划分为三种类型：创作于域外的文学作品、以域外作为创作对象的文学作品、创作于域外且以域外作为创作对象的文学作品。对于郭沫若来说，三个层面的域外文学创作现象都有，最能代表郭沫若文学创作成就的《女神》时期的诗歌、小说以及《创造十年》等大部分自传性创作，绝大部分都是在日本完成的，都属于典型的域外创作。郭沫若的许多代表性的文学创作都完成于域外，而创作又富含朝鲜、埃及、日本等域外元素，完成于域外、写域外，郭沫若的很多文学创作都可视为真正的域外文学书写。

在郭沫若的域外文学创作中，值得特别给予注意的，是完成于中国之外的某一国家而以第三国作为表现对象的作品，如《牧羊哀话》等。虽然没有必要将这类文学创作啰嗦地称为域外的域外文学创作，但这类文学创作却充分显示了郭沫若开阔的世界性视野。《宿开罗市Seminamis旅馆》虽然不能代表郭沫若诗歌创作的成就，却是真正地完成于域外、写域外的文学创作。这首诗描写埃及首都开罗的繁华景象，并将其比作中国的上海。诗中的“春申”，指的就是上海。战国时期楚国贵族春申君曾于考烈王十五年（公元前248年）封于吴，黄浦江因春申君又名黄歇浦、春申江、申江。上海在20世纪很长一段时间里都曾是亚洲最现代化的都市，是繁荣富足的象征。将开罗比作中国的上海，蕴涵着诗人对新中国的自豪与自信。域外书写大多或隐或显地含有中国元素，《宿开罗市Seminamis旅馆》在这方面也正延续了郭沫若《牧羊哀话》等域外书写的一个显著特征：域外书写不忘祖国，开放性的世界视野总是心系故土。

1. 凤凰与埃及

郭沫若的代表诗作《凤凰涅槃》篇首有“小引”：“天方国古有神鸟名‘菲尼克司’（Phoenix），满五百岁后，集香木自焚，再从死灰中更生，鲜美异常，不再死。”《凤凰涅槃》在《时事新报·学灯》上发表时，“天方国”本作“希腊国”，后收入《女神》初版本时改为“天方国”。1920年1月26日郭沫若在致宗白华的信中说：“今日课毕，往市内图书馆去看书，我才知道我把他的家乡记错了：‘菲尼克司’这个字虽是希腊底字，但是‘菲尼克司’这个鸟，却不是希腊底鸟。他是埃及人所想象出来的东西，他的家乡是拟想在亚刺比亚地方的。所以我很希望你把我那小引中的‘希腊国古有神鸟……’底‘希腊’两个字改成‘天方’两个字的好。”[①] 随后谈到了埃及古书《死典》（The Book of Dead）象征着太阳、有自生能力的鸟“崩奴”（Benu）。《凤凰涅槃》创作于郭沫若在日本读书期间，郭沫若在《我的作诗的经过》中回忆此诗的创作时说：“上半天在学校的课堂里听讲的时候，突然有诗意袭来，便在抄本上东鳞西爪地写出了那诗的前半。在晚上行将就寝的时候，诗的后半的意趣又袭来了，伏在枕上用着铅笔只是火速地写，全身都有点作寒作冷，连牙关都在打战。就那样把那首奇怪的诗也写了出来。”[②] 诗意蓦然袭来，有关凤凰的域外传说也就无从详细考订，课后到市内的图书馆去查书看，遂纠正了自己的某些看法。从郭沫若对《凤凰涅槃》篇首“小引”所作的“修正”，可以知道创作《凤凰涅槃》时，郭沫若对于埃及文化的了解并不深入，后来去图书馆查阅资料，逐渐加深了自己对埃及文化的了解。在郭沫若留下的文字材料中，这是最早的有意识了解埃及文化的记载。

郭沫若新诗创作中埃及元素的出现，并非始自1920年1月20日创作的《凤凰涅槃》，创作时间早于《凤凰涅槃》两个星期的《晨安》，就曾对苏伊士运河与金字塔高呼“晨安”。《晨安》一诗中的埃及元素羼杂在众多的世界地名、人名中，作为诗人礼拜赞誉的对象，都只是被简单地“呼名”，在意象的使用方面没有进行创造再加工。《凤凰涅槃》中的凤凰意象糅合了中外相关的神话传说，最终经过诗人的综合再加工而成。这个经过诗人再次加工创造的意象，体现了郭沫若开放性的世界文化视野，而这个世界性文化视野的根基则是中国传统文化。《凤凰涅槃》中的凤凰意象最初被创造出来时，郭沫若最熟悉的应该还是中国传统文化中的凤凰意象，在诗歌创造完成后，才去图书馆进一步深入地探求国外文化中有关凤凰的传说。就此而言，正是《凤凰涅槃》的创作激

① 黄淳浩编：《郭沫若书信集（上）》，中国社会科学出版社1992年版，第95页。

② 郭沫若：《我的作诗的经过》，《郭沫若全集》文学编第16卷，人民文学出版社1989年版，第217页。

发了诗人对国外凤凰相关文化的求知欲望，于是郭沫若利用课余时间去图书馆找书阅读，进一步深入地了解了埃及和希腊等国家与凤凰相关的文化知识。

郭沫若《凤凰涅槃》着意于呈现给读者的，是他自己的创造物，浸润着诗人自身精神追求和理想寄托的崭新的意象；中外凤凰的种种传说，只是诗人展开想象的触媒，并非诗歌意象建构和思想表达成功与否的关键，是以对埃及文化进一步了解后的郭沫若，只是将《凤凰涅槃》“小引”中的“希腊”改成了“天方”，其他部分并没有因为新知识的获得而有所改动。因此，可以说不是郭沫若对埃及文化的了解催生了《凤凰涅槃》，反倒是《凤凰涅槃》的创作促使郭沫若产生了进一步了解埃及文化的意愿。《凤凰涅槃》的创作与郭沫若对凤凰知识的了解成了一个相互促进的过程，这个过程的客观效果便是促使郭沫若对埃及文化有了更进一步的认识，同时也使得埃及元素屡屡出现在郭沫若的诗歌创作中。

一个人一旦对某种事物熟悉到一定的程度，就会用它作为参照物对比自己新发现的事物。郭沫若对埃及文化的深入了解，或者说在某一阶段热衷于埃及文化，一个较为明显的表现便是在创作中常常提及埃及的事物，甚或用它来比照自己日常生活中的一些现象。郭沫若在《我的童年》中叙述自己小时候的生活时说：“我们家里的规矩是除跟着大人之外不许一个人走出离家一里路以外的。要往千佛崖去，那简直就和我们现在要往埃及去看金字塔一样的困难了。”[①] 埃及金字塔，已经成为一种象征，日常生活中遥远距离的象征。在小说《喀尔美萝姑娘》中，主人公到一条小巷子里买Karuméra（一种糖熬制的甜食），卖糖饼的姑娘多给了他几个，这让小说中的“我”感受到了浓浓的爱意。“吃来还剩两块的时候，终竟吃不下了。我把来投给铁网笼里的两只白鹤。我以为只有那清高的白鹤才配吃她赐给我的两个manna，但是白鹤却不肯吃。我恼恨它们，我诅咒它们，它们这些高视阔步的伪君子！”对于manna，郭沫若自己注释说：“原注：曼那，天所降赐的食品。《旧约·出埃及记》云：摩西率领人众在沙漠中行进时，上天降下了‘曼那’。”[②]《圣经》是犹

① 郭沫若：《我的童年》，《郭沫若全集》文学编第11卷，人民文学出版社1992年版，第29页。
② 郭沫若：《喀尔美萝姑娘》，《东方杂志》1925年第22卷第4号。

太人的圣经，《旧约·出埃及记》记述的是犹太人在摩西的带领下逃离埃及的故事。上述这段文字，单独看似乎只能表明郭沫若读过《圣经》，可能对其中的一些故事较为熟悉，但是若与此前郭沫若的其他创作放在一起对读，可知郭沫若对埃及已经有了相当的了解。与《喀尔美萝姑娘》同年创作并发表的小说《行路难》中，男主人公爱牟决定开始“新生活”，写《新生活日记》。在第一天（十月一日）的日记中有这样一句话：“晓芙脱佛儿绒衣复头蔽日，状如埃及妇人。”日记中还有爱牟写的《纪行诗》诗句：“妻戴儿衣，女古埃及。”[①] 爱牟必须先有了对古代埃及妇女穿戴的认知和想象，而后才会据此观察和评价夫人的衣着。作为自叙传小说，主人公爱牟就是郭沫若的化身，爱牟思想中的埃及元素也就是郭沫若自身思想的表现。

在古埃及女性中，郭沫若明确提及只是著名的女王Cleopatra（克莉奥帕特拉）。《孤竹君之二子》在《创造》季刊第1卷第4期发表时，诗剧前有《幕前序话》，其中有这样一段文字：“大凡一种作品，无论它是好是坏，假如只是听得一个梗概时，就好象不见女人只见一架骸骨一样：那怕她便是西施，便是Cleopatra，也是只有使你失望的了。你如不愿读时，倒不如不读的好。”郭沫若在《百合与番茄》中也曾提及这位美艳的埃及女王。“在书店里巡览书籍，或者翻翻目录，遇着有好书的时候，有钱时便买它一本，没钱时便立着读完半本或一本小本的全书。无拘束的精神，如象入了panorama的画室一样。才看见阿拉伯的队商在沙漠中旅行，忽然又看见探险家在北冰洋上探险；才看见罗马军队入了埃及的首都开罗，逼死了绝世的美女王Cleopatra，又看见太空中无数的星云在构成新星系统；人体的细胞在和细菌作战的时候，火星的人类又在策划侵略地球；Fichte才在草告德意志国民的书，爱因斯坦已经在向日本人讲述相对论了；Pompeii的居民在火山未爆发以前正在戏场中看戏的时候，赤色军已经占领了莫斯科宣告全世界大革命……”[②] 这段文字，叙述的是囊中羞涩的诗人去书店蹭书看的故事，从被罗列出来的感兴趣的阅读条目来看，可知诗人对于古代和异域的奇异故事有着特别的兴趣，这也正如郭沫若浪漫主义的诗风

① 郭沫若：《行路难》，《东方杂志》1925年4月第22卷第7、8号。
② 郭沫若：《百合与番茄》，《郭沫若全集》文学编第12卷，人民文学出版社1992年版，第397页。

相吻合。

2. 观看金字塔的方法

郭沫若新诗创作中最经常出现的埃及元素，就是金字塔。在诗歌《晨安》中，郭沫若高声诵唱的是：

> 晨安！印度洋呀！红海呀！苏彝士的运河呀！
> 晨安！尼罗河畔的金字塔呀！①

在诗歌《我是个偶像崇拜者》中，郭沫若写道：

> 我崇拜苏彝士、巴拿马、万里长城、金字塔②

在上述两首诗歌中，都写到了埃及举世闻名的苏伊士运河和金字塔。诗歌选择什么作为自己的书写对象，以及如何安排诗歌中的意象，这些都是诗人的自由，但是从诗人的自由撷取及组织安排中也可以见出诗人的某些独特的审美印痕。首先，郭沫若选择的埃及元素是金字塔和尼罗河，而不是同样举世闻名的埃及元素法老和木乃伊。对于上述埃及标志性物象的选择，显示了郭沫若更倾向于那些能够体现人民伟大力量的事物。至于法老和木乃伊，代表的则是强权与暴虐，对于崇敬生命、尊重个性、追求解放、反对强权的郭沫若来说，这些显然不符合他的审美追求。其次，上述两首诗歌中，郭沫若都选择了苏伊士运河和金字塔两个物象。这两个物象在诗歌中的排列次序都是苏伊士运河在前，金字塔在后。《晨安》发表于1920年1月4日，《我是个偶像崇拜者》创作于1920年5、6月间，两首诗歌的创作时间至少相隔5个月。《晨安》和《我是个偶像崇拜者》两首诗歌中，诗人郭沫若高呼“晨安”和想要崇拜的对象，繁多且杂糅在一起，看似是无意识地乱写，在表面的无序中其实也蕴涵着诗人的某种安排和选择。两首诗歌中，苏伊士运河和金字塔的书写顺序完全相同，表明

---

① 郭沫若：《晨安》，《郭沫若全集》文学编第1卷，人民文学出版社1982年版，第65页。
② 郭沫若：《我是个偶像崇拜者》，《郭沫若全集》文学编第1卷，第99页。

在郭沫若的意识中，已经有意无意地形成了特定的思维模式：先歌颂苏伊士运河，然后才是金字塔。苏伊士运河和金字塔虽然都是人类伟大的创造物，但是前者是为活着的人服务的，后者却是为死者服务的，前者被创造出来是给人的生活提供便利，后者却是为权贵死后的生活提供便利。两者的权重，在诗人的心中并不相同。

在《我是个偶像崇拜者》一诗创作完成后不久，诗人在1920 年6、7 月间又创作了《金字塔》两首。仅看诗题，就可以知道郭沫若选择的书写对象依然是埃及的金字塔。在1920年的上半年，埃及金字塔屡屡出现在郭沫若的诗歌创作中，成了这一时期郭沫若世界性想象的重要组成部分。在《金字塔·其一》中，郭沫若写道：

> 一个，两个，三个，三个金字塔的尖端
> 排列在尼罗河畔——是否是尼罗河畔？——
> 一个高，一个低，一个最低，
> 塔下的河岸刀截断了一样地整齐，
> 哦，河中流泻着的涟漪哟！塔后汹涌着的云霞哟！
> 云霞中隐约地一团白光，恐怕是将要西下的太阳。
> 太阳游历了地球东半，又要去游历地球西半，
> 地球上的天工人美怕全盘都已被你看完！
> 否，否，不然！是地球在自转，公转，
> 就好象一个跳舞着的女郎将就你看。
> 太阳哟！太阳的象征哟！金字塔哟！
> 我恨不能飞随你去哟！飞向你去哟！

在这首诗歌中，出现了一个自我质疑的诗句：“排列在尼罗河畔——是否是尼罗河畔？”举世闻名的金字塔就矗立在尼罗河畔，学过世界地理的郭沫若自然知道这些。所以，这个诗句中的疑问不是真正的疑问，诗人质疑的不是自己知识的确定性，而是以此暗示词语称呼的名实问题，即所指与能指。修饰

尼罗河的是“涟漪”，修饰金字塔后云霞的是“汹涌”，地球上的尼罗河成了温柔的象征，而天空中的云霞则汹涌有力，接下来诗人写云霞背后隐藏着的太阳，认为地球是在跳舞给太阳看。在《金字塔》一诗的篇末，有郭沫若自己写的一段注释：“金字塔本是太阳底象征。埃及艺术多取几何学的直线美，其表现浑圆的太阳竟用四面方锥体表现，正其美术之特点。盖取象太阳四方普照之意。”郭沫若特意点明何以金字塔就是太阳的象征，这是对诗篇中金字塔与太阳礼赞的进一步说明。诗歌树立了太阳高高在上的权威的形象，最后引出了“我”对太阳的崇拜。崇拜太阳，也就是崇拜力量，汹涌的云霞象征的也就是力量。太阳与力，这是郭沫若早期诗歌创作中突出的审美特征。

《金字塔·其二》可以视为《金字塔·其一》的自然的延续：

> 左右蓊郁着两列森林，
> 中间流泻着一个反写的“之”字，
> 流向那晚霞重叠的金字塔底。
> 伟大的寂寥哟，死的沈默哟，
> 我凝视着，倾听着……
> 三个金字塔的尖端
> 好象同时有宏朗的声音在吐：
> 创造哟！创造哟！努力创造哟！
> 人们创造力的权威可与神祇比伍！
> 不信请看我，看我这雄伟的巨制吧！
> 便是天上的太阳也在向我低头呀！
> 哦哦，渊默的雷声！我感谢你现身的说教！
> 我心海中的情涛也已流成了个河流流向你了！
> 森林中流泻着的“之”江可不是我吗？[①]

① 郭沫若：《金字塔》，《郭沫若全集》文学编第1卷，人民文学出版社1982年版，第106—107页。

《金字塔》第一首诗中，汹涌的云霞中隐约有一团白色的光，“恐怕是将要西下的太阳”。与夕阳相伴的云霞，也就是“晚霞”。《金字塔》第二首诗描写的正是“晚霞”。第一首诗中，“霞”与天上的太阳连在一起；第二首中，“霞”被描写为流向“金字塔底”。从第一首到第二首，诗人的目光从天空转到了塔底。当诗人的目光投向天空的时候，他是一个偶像崇拜者；目光投向塔底的时候，诗人却发现了“可与神祇比伍”的人们和“我”。这两首《金字塔》诗，落脚点都在“我”上，第一首是以“我”的对外在力量的崇拜结束，第二首则是以对包含“我”在内的人们的崇拜而结束。两首诗合在一起，由上而下的目光，实际上就构成了《我是个偶像崇拜者》一诗的别样书写，即由外在的偶像的崇拜转向对于自我的赞颂。

在《金字塔·其二》中，存在两个“我”。一个是具体的观看金字塔的“我”，还有一个就是以金字塔的形象发声的“我”；前者是具体的个人，后者代表的却是金字塔的建造者，是“人们创造力的权威”。诗中的两个“我”，可以视为大我与小我。书写“我”的时候，总会从“小我”走向“大我”，或者从“大我”转向“小我”，这是郭沫若文学创作自我抒情一贯的特点。汹涌的云霞，流向了金字塔底，那里是寂寥与沉默，“我”从塔底凝视塔尖，却听到了宏伟的声音。这里是仰视，仰视带来的却不再是第一首诗歌中的对于太阳的崇拜，而是对于金字塔自身的崇拜，而崇拜的也不是作为物的金字塔，而是人们的创造力。从金字塔转而崇拜人们的创造力，金字塔成了人们的创造力的产物，自己也是“人们”当中的一员，如同《梅花树下醉歌》一样，崇拜太阳、崇拜金字塔、崇拜人们的创造力，最终的归宿却是崇拜自己。“大我”与“小我”，正如天狗的向外向内吞噬，构成了“我”的两个向度，也构成了郭沫若诗篇中自我抒情主人公的完整的形象。

在抗战前的诗歌创作中，郭沫若诗歌创作中的金字塔形象与人民伟大的创造力相连，是诗人崇拜和礼赞的对象；抗战爆发后，诗中金字塔的形象就换了模样。1940年，日寇飞机夜袭重庆，炸塌了大隧道，死难百姓万余人，当局只报道为三百余人，曾去洞口看搬运尸体的郭沫若愤慨而作《罪恶的金字塔》一诗：

心都跛了脚——

你们知道吗？——

只有愤怒，没有悲哀，

只有火，没有水。

连长江和嘉陵江都变成了火的洪流，

这火——

难道不会烧毁那罪恶砌成的金字塔吗?

……

更有千万双黑色的手

掩盖着自己的眼睛。

朦胧吗?

不，分明是灼热的白昼。

那金字塔，罪恶砌成的，

显现得十分清晰。①

郭沫若早期诗歌创作中，埃及的金字塔和中国的长城一同被作为赞颂的对象，现在，郭沫若依旧推崇中国的长城，在《血肉的长城》诗中呼吁："我们要以血以肉新筑一座万里长城！"② 在这首诗里，埃及的金字塔成了罪恶的象征，被排除在歌颂的行列之外。若说金字塔本身就蕴涵着人民创造的伟力与高高在上的统治者们的罪恶，那么，郭沫若早期诗歌创作呈现的是其伟大的一面，现在则转而抨击其罪恶的一面。早期诗歌中，金字塔是太阳的象征，自然代表着光明，现在却成了需要火来烧毁的罪恶砌成的存在物。《凤凰涅槃》中的凤凰集香木自焚，需要火烧掉身上陈腐的一切，从而走向新生。《罪恶的金字塔》中，诗人希望火烧掉的是罪恶堆砌成的金字塔本身，而不是金字塔上附着的罪恶。能够浴火重生的只有凤凰，罪恶的金字塔则只能在熊熊火光中被消

① 郭沫若：《罪恶的金字塔》，《郭沫若全集》文学编第2卷，人民文学出版社1982年版，第54—55页。

② 郭沫若：《血肉的长城》，《郭沫若全集》文学编第2卷，第31页。

灭。金字塔意象审美蕴涵的变化，并非是因为郭沫若对金字塔的认识发生了转变。郭沫若在早期诗歌中赞誉金字塔所呈现的人民创造的伟力时，自然也知道那伟力的背后向来都蕴藉着劳动人民的血和泪，中国的长城也是如此。然而，在抗战的历史大背景下，诗人郭沫若保留了对长城的歌颂，却揭开了金字塔背后的罪恶，根本的原因在于郭沫若是一个时代的歌者，长城尤其是血肉长城的意象与抗战所需要的积极的时代精神更相吻合；至于金字塔意象，似乎更适合用来批判抗战中存在的阴暗与罪恶。

等到中国解放，埃及独立，两个第三世界的国家相互支持，共同寻求发展的道路时，郭沫若诗中的金字塔意象再度变换了审美蕴涵，成了埃及国家民族的象征，更被赋予了古老的第三世界民族国家觉醒与崛起的象征意味。郭沫若《游埃及杂吟十二首》中的《游Giza金字塔》，是郭沫若首次实地观看了金字塔后创作的诗歌。

金字塔三座，威严逼四方。
人狮惊岳岳，王庙忆堂堂。
巨石千钧重，方舟十丈长。
劳工信神圣，奇迹叹无双。

齐整的五言律诗，赞颂金字塔的伟大，给人的感觉中规中矩，却失掉了早期诗歌赞颂金字塔时所表现出来的激情。此诗所歌颂的劳工神圣与早期诗中所歌颂的人民创造的伟力，两者虽然相似，但诗人眼中劳工的地位如今却已截然不同，他们成为了国家的新主人。诗中“王庙”与“劳工”并举，两者不再是传统社会中相互对立的关系，而是成了相辅相成的关系。罪恶的金字塔随着旧社会旧政权的瓦解而获得了新生，实际上新生的不是金字塔，而是金字塔的建造者。“劳力无今古，经纶有变迁。”[①] 随着传统社会的颠覆，金字塔属于人民，也就意味着告别了过去，揭开了新的篇章。在1956年9月18日创作的《埃

① 郭沫若：《游埃及杂吟十二首》。

及，我向你欢呼》一诗中，诗人写道：

> 埃及，我向你欢呼！
> 楚唐卡曼已从金字塔中醒来，
> 司芬克狮发出了吼声，
> 古代的“死书”启示了
> 人类解放史的新的篇页。[①]

浪漫诗人郭沫若虽然崇尚“写诗”而非“做诗”，却并非意味着语词的乱用“乱写”。郭沫若在为《创造》季刊第1卷第2期撰写的第八则“补白”中说：“我说诗是写的不是做的。有些人误解了，以为是言不由衷地乱写；或则把客观的世界反射地誊写。啊，说话真不容易！”郭沫若所说的“写诗”，正是将诗视为“心”的写照。在写给宗白华解释《凤凰涅槃》的信中，郭沫若称The Book of Dead为“死典”，现在则称之为“死书”，从“典”到“书”，反映出诗人对新国家与旧传统态度上的微妙变化。

3. 把自己想象成司芬克司

在郭沫若的文字中，至少有两次把自己想象成司芬克司。诗歌《月下的司芬克司——赠陶晶孙》中，郭沫若这样写道：

> 夜已半，
> 一轮美满的明月
> 露在群松之间。
>
> 木星照在当头，
> 照着两个“司芬克司”在走。
> 夜风中有一段语声泄漏——

① 郭沫若：《埃及，我向你欢呼》，《郭沫若全集》文学编第4卷，人民文学出版社1984年版，第104页。

一个说：
好象在尼罗河畔
金字塔边盘桓。

一个说：
月儿是冷淡无语，
照着我红豆子的苗儿。[①]

这首诗1922年8月18日发表在《时事新报·学灯》上，题名为《月下的Sphinx》。这是一首题赠诗，写的是诗人和朋友陶晶孙一起夜步十里松原时的情形。此外，在《夜步十里松原》《十里松原四首》等诗中，郭沫若也曾写到了夜色中漫步松林的行迹。郭沫若在福冈市读书时，就住在博多湾畔十里松原边。郭沫若在《创造十年》中回忆说："我住在离大学后门不远的一家性质与'当铺'相当、但规模较小的'质屋'里面。时候是八月下旬，学校还没有开课。有一天中午，我很早吃了午饭，为逃避午后所易起的慵倦和睡意，我跑出寓所来，在松林里面散步。"[②]住在松原边，松原中漫步，也就成为生活中常有的事。有意思的是，在日本的美景里散步，郭沫若自比的时候，不是歌德，就是"司芬克司"，和日本似乎都没有关系。郭沫若自比歌德，是因为自己喜欢歌德，为何自比"司芬克司"？

对于这一首诗中出现的"司芬克司"，《郭沫若全集》给出了这样的注释："据希腊神话，司芬克司（Sphinx）是人面狮身的女怪物。它要求人回答它的谜题，答不出来就要把人杀死。"[③]注释者径直将司芬克司的故事认为是希腊神话，对诗中"尼罗河畔"的字眼视而不见，或许是注释者个人受到了希腊悲剧《俄狄浦斯王》的影响。有意思的是《郭沫若全集》文学编第11卷的相

① 郭沫若：《月下的司芬克司——赠陶晶孙》，《郭沫若全集》文学编第1卷，第185页。
② 郭沫若：《创造十年》，《郭沫若全集》文学编第12卷，第37页。
③ 郭沫若：《月下的司芬克司——赠陶晶孙》，《郭沫若全集》文学编第1卷，第186页。

关注释却又有所不同。“斯芬克司（Sphinx），即狮身人面像，古埃及的一种石雕像。”[1]郭沫若自己留下的文字中，Sphinx有“斯芬克司”和“司芬克司”两种写法，全集的注释者所作的注释也各不相同。郭沫若到底是以埃及的司芬克司自喻，还是以希腊的司芬克司自喻，审美蕴涵大不相同，《郭沫若全集》将来再版时应该自身予以统一才好。

司芬克司神话起源于埃及，被描述为长着翅膀的怪兽，是仁慈和高贵的象征，共存在三种司芬克司：人面狮身的Androsphinx，羊头狮身的Criosphinx（阿曼的圣物），鹰头狮身的Hieracosphinx。希腊神话中的司芬克司是一个人面狮身的雄性怪物，人面象征着智慧和知识。司芬克司坐在忒拜城附近的悬崖边，喜欢拦住过往的行人问他们一个谜语，回答不出正确谜底的人就会被它吃掉，俄狄浦斯说出了正确的答案，于是怪兽死了。代表死亡与神罚的是希腊的司芬克司，代表仁慈与高贵的则是埃及的司芬克司。郭沫若诗中诗人用以自喻的司芬克司，只可能是埃及的司芬克司。首先，郭沫若在诗中明确点出了司芬克司在“金字塔边盘桓”；其次，这首诗中的两个人，当时都对未来充满了憧憬和希望，用以自喻的意象自然也会有相应的寓意才吻合他们当时的情景，希腊传说中吃人的司芬克司形象显然与之不甚相符。

在《初出夔门》中，郭沫若叙述自己因“堂皇的军医学校竟没有一名外国教习”而看轻了天津军医学校，从天津跑到北京去寻大哥郭橙坞。待在北京的一段时间里，有段时间常在夜里去中华门前散步。“我一出去，地点便是中华门前后的宫廷。夜夜都是皎洁的晴空，澄澈的蔚蓝色的天宇照常是不可思议的高深。镶嵌在那儿的新月一宵圆过一宵，星点逐渐地疏减了。广漠的宫廷依然是太古以来人迹所不曾到的大湖。伫立在那儿，假使没有那透彻全身的冰感，没有那啼笑皆非的稚气，尽可以比成为尼罗河畔的斯芬克司。”[2]《初出夔门》写于1936年，是《少年时代》的第四篇，回忆的主要是1913年前后的生活。时隔20年，回忆的可靠性无法根究。以现在之我观照过去之我，所看到的究竟哪些是现在的我哪些是过去的我，这中间的界限有时较为模糊。尤

① 郭沫若：《郭沫若全集》文学编第11卷，第345页。
② 郭沫若：《初出夔门》，《郭沫若全集》文学编第11卷，第345页。

其是对当事人当时心境的描写，究竟多少是当时真实的感受，多少是事后的感悟，其间的区别更是难以剖析清晰。就上面这段回忆文字来说，以斯芬克司自喻这句话不是对过去事实的客观叙述，而是叙述者站在旁观者的立场上所作的评述，而且是假定式评述。一般来说，假定式的评述就不是当年真正发生过的事实，而是一种虚拟，是后来之我观照过去之我的时候，虚拟出来的可能的情感体验。无论是过去之我还是现在之我，上面这段文字表明郭沫若有意以“尼罗河畔的斯芬克司”自喻，从这段文字的自喻反观《月下的Sphinx》一诗，似可佐证诗中所说的月光下的两个“司芬克司”，应该就是“尼罗河畔的斯芬克司”。

“尼罗河畔的斯芬克司”与希腊忒拜城悬崖边上的斯芬克司不同，郭沫若以“尼罗河畔的斯芬克司”自喻，便是隐含地以天才自诩。“由吹帚胡同走出大街，经了些转折，穿进了中华门内的宫墙。一片澄澈的蔚蓝色的天宇高深得不可思议。皎洁的新月和几点明朗的疏星，就象是镶嵌在那儿的一样。毫无吝惜的光波湛在那宏大石板面就的广漠而寂寞的宫廷上面，好象是太古以来人迹所不曾到过的一片大湖。我在中华门前留连了一下，觉得自己的脑子，自己的一切，都象是澄澈了的一样。”辽阔的埃及沙漠上，有斯芬克司；在广漠而寂寞的宫廷前，站着诗人。在广漠的环境中，独自存在，这是诗人与斯芬克司的共同特征。然而，《月下的Sphinx》中有两个人。所以，真正促使郭沫若以斯芬克司自喻的，不是独自在广漠的环境中的意境，而是星月下的天才，或者更准确地说，前者是触媒，后者才是这一意境的精神内核。广漠的星空、月夜下，有一二天才，斯芬克司的自喻蕴涵着诗人的孤独、自傲以及对于自我的期许。诗人的这一自我期许在诗歌创作中还表现出某种共性：《月下的Sphinx》中，伴随两个“斯芬克司”的是天上的明月和木星；《初出夔门》中的两段描写，一个人在中华门前的也沐浴在明月与疏星的光辉里。若是将上述两篇创作中所呈现出来的意境与诗篇《星空》对读，其中蕴涵的深层意思就会更加明显。

古代的天才
从星光中显现！
巴比仑的天才，
埃及的天才，
印度的天才，
中州的天才，
星光不灭……[①]

天才在星光中显现！古今中外各种文化大都将人世间的精英与天上的星星联系起来。耶稣诞生的时候，遥远的东方三博士就是根据天上的星光寻找而来。星光下的天才，星光下的斯芬克司，郭沫若以斯芬克司自喻，而且是与不灭的星光相联系的斯芬克司，这样的书写中既寄寓着郭沫若对古往今来的天才们的礼拜，同时也包含着郭沫若对于自我未来的期许。

（此文刊于《郭沫若研究》第14辑）

① 郭沫若：《星空》，《郭沫若全集》文学编第1卷，第176页。

批判与重建

——郭沫若《十批判书》与“新时代”诸子研究的再思考

孙少华

习近平同志在十九大报告中明确指出，要“不断增强意识形态领域主导权和话语权，推动中华优秀传统文化创造性转化、创新性发展”，这句话其实包含着两层含义：对优秀传统文化的批判性继承，对新时代本土文化传统的“创造性建设”。说到底，就是如何理解并实践“批判”与“重建”的关系问题。①

纵观中国两千年来的学术史，无不是在“批判”与“重建”的过程中不断推进并发展。而郭沫若先生在中国古代学术上的探索，无疑是这方面做得较为成功的典范之一。

郭沫若先生在中国古代学术方面的研究卓有建树，无论是在古文字学（甲骨文如《甲骨文字研究》、金文如《两周金文辞大系图录考释》《金文丛考》、石鼓文如《石鼓文研究》、铭刻如《古代铭刻汇考》等）、古代历史与文化（《中国古代社会》《史学论集》《出土文物二三事》）、古代社会文化与意识形态（《青铜时代》《十批判书》），还是在古籍整理（如《管子集校》）、古代历史人物或文学家（如《历史人物》《李白与杜甫》）等各方面，皆有筚路蓝缕之功。其中，《十批判书》是在日本投降前一两年陆续完成（从1943年至1945年），并且是在梁启超、胡适、钱穆与顾颉刚“古史辨派”研究之后，在新学、旧学交汇之际写成的著作，具有特殊的历史与学术背景，

① 这一点，实际上也就是我们常说的“继承”与创新的问题。古人对此早有论述，如陆贾《新语》“善言古者合之于今，能述远者考之于近”，即有此意。

并且具有特殊的思想启蒙与学术新路的开辟意义。

在中国改革开放四十周年与“新时代”的学术背景下，对先秦诸子如何开展新的研究，并且将这种研究转为对现实社会有用的思想，是值得深入思考的问题。某种程度上说，郭沫若先生的《十批判书》，揭示了中国古代学术史发展的基本规律，就在于不断的“文本批判”和“思想史重建”。

一、《十批判书》的成书过程与学术背景

根据郭沫若先生在《后记——我怎样写〈青铜时代〉和〈十批判书〉》中的介绍，他在日本期间，在通过对殷墟甲骨文字和殷、周青铜器铭文的器物研究基础上，对中国古代社会的面貌“更加明了了之后”，其研究兴趣“逐渐转移到意识形态的清算上来了”。①

而在正式撰写《十批判书》之前，作者是有充分的学术准备的。正如郭沫若先生所言，他在考古学、文献学、文字学、音韵学、因明学等范围内，做了充分的“准备和耕耘”，对“秦汉以前的材料”进行了一个彻底的“剿翻”②。从这个意义上说，作者在进行先秦诸子的“意识形态”或者说哲学思想的批判之前，已经做好了充分的学术准备，并非纯粹是脱离文献材料的理论批判。

《十批判书》的写作过程较为曲折。根据1945年出版的《十批判书》的目录，其写作顺序、大致开始写作并完成时间如次：

《古代研究的自我批判》，1944年7月3日—7月18日。费时16天。

《孔墨的批判》，1944年7月19日—8月1日。费时14天。

《儒家八派的批判》，1944年9月8日—9月11日。费时19天。

《稷下黄老学派的批判》，1944年9月1日—9月19日。费时4天。

《庄子的批判》，1944年9月21日—1944年9月26日。费时7天。

---

① 郭沫若：《十批判书》，《中国古代社会研究》（外二种），河北教育出版社2010年版，第1041—1042页。

② 同上，第1044页。

《荀子的批判》，1944年10月15日—10月31日。费时16天。

《名辩思潮的批判》，1944年11月29日—1945年1月中旬。费时47天左右。

《前期法家的批判》，1945年1月30日—1945年2月18日。费时20天。

《韩非子的批判》，1944年1月12—1月20日（1943年12月17日完成《〈韩非子·初见秦〉发微》）。费时9天。

《吕不韦与秦王政的批判》，1943年9月25—10月3日。费时9天。

从这里我们可以看出，郭沫若先生并非先有提纲，之后先后完成各篇，而是在从阅读《吕氏春秋》和《韩非子》，完成对吕不韦秦嬴政、韩非子的批判之后，才重新开始对整个古代社会的批判性思考。之后的研究，就基本上按照目前所见目录逐一进行，但中间也有交错，如在写《稷下黄老学派的批判》过程中，作者在9月7日写完对田骈、慎到的批判之后，转而回到《儒家八派的批判》中，9月11日完成后，到9月18日返回对关尹、老聃的批判，至9月19日完成《稷下黄老学派的批判》。

从上述写作时间看，除了《名辩思潮的批判》的写作费时一个月以上之外，其他的写作时间，最长不过20天，最短的用时仅仅4天，可知作者一个是有充分的材料准备与充足的写作时间；另外一个原因，在于作者还是属于写作快手，学术精力充沛，成熟的思考之后往往一挥而就。

更重要的是，作者在写作《十批判书》之前乃至写作期间，还产生了很多副产品，如开始撰写之前形成的《墨子的思想》《秦汉之际的儒者》《公孙尼子与其音乐理论》《公孙尼子追记》，写作《十批判书》过程中的《〈韩非子·初见秦〉发微》、《周代的农事诗》、《先秦学说述林》（论文集）、《宋钘尹文遗著考》等，其他还包括对吴起事迹的文献考证，其中多数著作后来收入《青铜时代》。甚至可以说，《青铜时代》中的大多数作品，实际上主要是《十批判书》的副产品。由此更可见作者惊人的学术创造力。

作者之所以能在较短的时间内完成《十批判书》的写作，除了个人充分的阅读文本以及资料准备，还有大时代学术背景的支持：

第一，西方新文化、新思想与中国传统学术的交锋与融合。当时由于五四新文化运动的发展，中国固有的学术与西方的哲学、思想甚至科学技术的进步产生了广泛联系，继与西方“文学”关系最为密切的文学革命之后，中国学者在经学、史学、子学领域，陆续展开了与西方新文化、新思想的接轨与试验。“五四”时期最初的新文化、新思想的倡导者，如陈独秀、胡适、钱玄同、鲁迅等人，本出身旧学，后虽皆留学海外，但未尝放弃对传统文化的学习，所以他们能迅速领一时之先。五四运动之后，最为有名的康有为、章太炎却迅速“落在时代的后面，成为保守的象征了”。[①] 这是非常有趣的学术现象。[②] 代之而起的，就是梁启超、胡适等人以西方新文化、新思想与本土的传统研究相结合。[③] 他们在诸子研究方面，提出了一些新的理论与方法。其后，就是钱穆等人对诸子的关注，以及顾颉刚为首的“古史辨派”对经、史、子的全面总结。从某种程度上说，中国传统学术研究与西方的结合，肇始于“五四”时期的诸子研究。[④]

第二，继经学、史学的批判之后，诸子成为又一个被批判的对象。先秦诸子对中国两千多年的思想史产生了深远影响，研究、整理这一段时期的诸子学说，成为时代必然。而新文化运动对传统学术内容、方法的批判继承，以及当时的学者对经学（如今古文之争）、史学（如“古史辨派”）进行深入批判之余，先秦诸子成为又一个重要的批判对象。[⑤] 这种学术起源，在于顾颉刚、钱玄同等人对经今古文之争进行了长期的观察与思考之后，认为今文家攻击古文伪造材料、古文家攻击今文背离孔子真意皆属正确的判断。然而，如何对这个“二千余年来学术史上的一件大公案”进行最后的清算，进而“向前推进一步”，就成为顾颉刚等人思考的问题。[⑥] 我们看历册《古史辨》中具体作品的

① 余英时：《史学与传统》，时报文化出版有限公司1983年版，第94页。

② 曾经引领学术风气之先的学者，如果抱残守缺，不思进取或学术转型，很快就会被新时代与新学术所抛弃。虽然他们曾经是一座高峰，但刹那之间的风光不再，也是个人与时代的悲剧。学术研究的不断创新，就在于必须有海纳百川的学术气度、不断学习并不断转型的进取精神。当前新时代下，我们又遇到了百年之前同样的问题。

③ 如梁启超研究墨学，其《墨子学案》写于1920年；胡适研究名家。

④ 但此时的诸子研究，方法各有路数，章太炎附会佛学，胡适、梁启超、冯友兰来自西学体系，孙德谦、刘咸炘等源自传统学术。孙德谦著，陈志平等校点：《诸子通考》“前言”，岳麓书社2013年版，第22页。

⑤ 王匡：《写在〈杜国庠文集〉后面》，《杜国庠文集》，人民出版社1962年版，第592页。

⑥ 顾颉刚：《秦汉的方士与儒生》“序”，上海古籍出版社1978年版，第6—7页。

写作时间，大概可以知道当时这种学术研究的进程：

第一册，上编，自民国九年十一月讫十二年二月，学者对古史辨伪的讨论；中编，民国十二年二月讫十三年二月，主要是诸多学者对古史研究法的讨论与思考；下编，民国十二年五月讫十五年一月，古史传说、经学、子学部分真伪的讨论。

第二册，上编，民国十三年十一月，讫十八年，古史材料辨析；中编，民国十二年讫十七年七月，主要讨论孔子形象问题；下编，民国十四年讫十八年，经、史问题辨疑。

第三册，上编，民国十五年十二月讫十九年十二月，经学辨伪；下编，民国前一年讫二十年九月，《诗经》辨疑。

第四册，上编，民国五年三月讫廿二年一月；下编民国前二年七月讫廿二年一月，诸子著作辨伪，主要讨论的是诸子通考及考据儒、墨、道、法四家。[①]

第五册，上编，民国十六年四月讫廿三年一月，下编民国十二年讫廿三年十月，阴阳五行辨说。

第六册，上编，民国十五年六月讫廿五年七月；下编，廿二年五月讫十二月，两编皆称为“诸子丛考续编”。正如罗根则在其《自序》中所言，民国二十一年负责编纂《诸子丛考》，成《古史辨》第四册；今又编纂《诸子丛考续编》，成《古史辨》第六册，主要考据儒墨道法四家文字与名家文字。[②]

第七册，上编，“古史传说通论”，民国二十四年讫二十七年一月；中编，“三皇五帝考”，民国二十三年九月讫二十八年四月；下编，“唐虞夏史考”，民国二十二年讫三十年二月。

以上所说起、讫时间，皆为其中具体作品的写作时间，非《古史辨》的编纂时间。可以说，当时诸子研究文章成篇最早，然编纂出版在经、史之后。这说明：在顾颉刚等人眼里，经、史因为在旧学中的地位甚高，不得不被视作批判或“辨伪”的第一对象。然最有体系、最为深入的批判性研究，还是《古

① 顾颉刚编著：《古史辨》“自序”，海南出版社2005年版，第6册，第9页。

② 同上。

史辨》第四册、第六册的诸子研究。同时，在顾颉刚等人的眼里，诸子具有与经、史同等重要的批判价值。诸子文献，是被视作史学史料对待的。这就将诸子研究提高到了很高的学术位置。

也就是说，诸子研究的作品成篇虽早、然被编纂在后，说明在顾颉刚的编纂思想中，他首先想清算的是经、史，其次才是诸子。这反映了当时“古史辨派”的学术逻辑。但顾颉刚《古史辨》的“清算”，仅仅属于“批判”之列，如何“重建”，他们虽然做了一定的尝试，然并未能完全成功。毕竟，当时他们尚未找到可以重建新的学术传统的理论依据与思想指导。

第三，梁启超的《先秦政治思想史》对先秦的古史、传说、语言文字、宗教、诸子（如儒、墨、法）等进行的全面分析，“古史辨派”对先秦经、史、子部文献进行的充分的“材料批判”，钱穆等学者对诸子进行的正面“文献考据”，刘师培、刘咸炘、孙德谦、陈柱等人对诸子进行的通论或概论性研究，都为郭沫若的《十批判书》提供了文献、方法论的基础。而马克思主义的理论实践，则成为《十批判书》产生的理论指导。从这个意义上说，郭沫若超越了梁启超、“古史辨派”、钱穆、刘咸炘等人囿于文献与传统阐论的缺陷，从当时诸子的阶级身份、政治立场的角度，进行了“人民性”的批判性建设尝试。这无疑也是一种学术推进。

由此可以看出，《十批判书》的大致形成背景：在此之前，梁启超、胡适结合西方新学理论与旧学传统，对先秦诸子展开了较为深入的研究。其后，顾颉刚“古史辨派”对先秦诸子史料进行了更为深入的批判与真伪甄别的工作。几乎与“古史辨派”同时，从1923年开始，钱穆则在甄别真伪基础上，完成了《先秦诸子系年》，[①]其中实际上已经蕴含着对先秦诸子文献的“批判”与“重建”的双重工作。在这种情况下，郭沫若先生运用唯物辩证法，走上了一条不同的学术道路，即在“史料批判”与“意识形态批判”基础上的“思想史重建”。这一点，应该是郭沫若先生不同于其他诸子研究的重要之处。

---

① 钱穆：《先秦诸子系年》“自序”，商务印书馆2001年版，第21页。

二、《十批判书》对“批判”与“重建”的探索

《十批判书》于1945年由重庆群益出版社初版，1952年改版。正如作者在其改版的后记中所言，改版后补充了《儒家八派的批判》中提出的为何“八派中把子夏氏之儒除外了”的问题，认为“前期法家”多出于“子夏氏之儒”，故《韩非子·显学》未予批评。[①] 在当时的客观条件下，这当然是一种很有意思的判断。

《十批判书》使用的是“批判”，而非“批评”。批判的意义，就在于除了甄别、纠正是非与错误，还要做出自己的正确判断，并建立正确理论指导下的新学术体系；批评，则仅仅是对错误的观点进行驳斥，并不提出新的理论体系的构建框架。然而，无论是“批判”还是“批评”，都需要建立在扎实的文献基础上。居高临下的学阀式辱骂或政治性恐吓，与真正的“批判”或“批评”无关。就《十批判书》而言，在郭沫若先生显明的观点背后，无不具有丰富文献材料的支撑以及对西方新理论尤其是马克思唯物主义辩证法的主动使用。这是郭沫若先生在出身旧学、利用新学，却能走在时代前列、引领一代风气的重要原因。

那么，《十批判书》是如何实现“批判”的呢？其批判路径、立场是什么？批判之后的具体建设思路是什么？这一点值得我们深入探究。

清末民初尤其是五四运动以来，中国知识分子对批判旧文化、重建新文化的论辩非常激烈。梁启超“新民说”的出现，以及后来相继提出的“新人说”“新史学”“新文学”，就是这种思潮的反映。

郭沫若的《十批判书》，显然是站在马克思主义立场，运用唯物史观解读诸子、批判诸子的。就其批判路径而言，全书是结合古代社会的历史分期、诸子的阶级立场、政治主张、哲学基本问题的态度、诸子著作的材料问题、诸

① 《蜥蜴的残梦——〈十批判书〉改版书后》，《中国古代社会研究》（外二种），下册，第1067页。

子思想的渊源与流变等角度，跳出单纯的文献、文本分析，从更高的思想史层面，提炼出诸子思想的先进性与局限性。例如，对于《孔墨的批判》，在“孔墨的基本立场”一节，比较二者阶级立场上的区别；在孔子、墨子思想体系方面，则重点批判孔子的“命运观”与墨子的“鬼神观”。这种从立场、鬼神等方面对诸子进行的批判，显然具有鲜明的时代特征。但由此可以看出作者本人对孔、墨思想历史局限性的批判，作者本人的“重建”思路也同时凸显出来：即运用最先进的思想武器，重新解读诸子思想，并将这种研究成果服务于作者所在的时代需要。

再如，在《稷下黄老学派的批判》中，作者追溯了道家三派的思想渊源、分析了其材料问题，并总结了道家三派对桓团、公孙龙名家与后期韩非法家的影响。文章最后指出，孔、墨是礼教之代表，道家即“运用或纵使礼教以吃人”者。[①] 这也是从思想的先进性方面，批判了稷下黄老学派历史局限性。这种融“重建”于“批判”之中的做法，无疑具有一定的启发性。这种做法，要比单纯胪列表现诸子思想局限性的材料高明。

当然，就《十批判书》的内容看，其“批判”有余、“重建”不足。这显然是由当时特定的时代环境、学术条件所限定的。

就“批判”中的“重建”方法而言，结合郭沫若先生的《古代研究的自我批判》，他在开展《十批判书》的过程中，也非常重视文献史料的可靠性问题，可以说基本上认同“古史辨派”的方法与结论。但从器物的花纹学、形制学等角度开展的社会史或思想史的研究，这样就跳出了传统的专就文本开展的史料批判研究，以及简单的“二重证据法”对文献史料的拘束，而具有理论意义上的凝练与提升。

但研究先秦文本，毕竟存在“文本或史料是否可靠”的问题，如何解决这个问题，并使得个人的研究足以成为一种稍具“科学性”的成果，就成为郭沫若先生考虑的首要问题。

为了避免其他研究者提出的“先秦文献不可靠”的质疑，《十批判书》反

① 《稷下黄老学派的批判》，《中国古代社会研究》（外二种），下册，第775页。

其道而行之，从研究对象的批评者的材料入手，重建先秦诸子思想史。这也就是作者所说的，“从反对派所传的故事与批评中去看出他们相互间的关系”，“从反对派的镜子里找寻被反对者的真影”。其依据是，反对派所传的材料中，“毫无疑问不会有溢美之辞，即使有污蔑溢恶的地方，而在显明相互间的关系上是断然正确的”。[①] 这种研究法，与从正面搜集、分析、判断研究对象的文献存在的问题一样，“污蔑溢恶”如果是一种被“改造”过的文献，同样存在“不可靠”的争辩。好在正如郭沫若先生所言，在史料、时代、作者皆有可能不可靠的情况下，并不影响对诸子“立场”的判断。[②] 这种从批评者、被批评者的“阶级立场”或“政治立场”出发去分析史料的方法，无疑符合马克思主义的唯物辩证法原理。正确的理论，必然能够做出正确的判断。这是毫无疑问的事情。对此，杜国庠先生也有论述，认为“批判者也受到了被批判者的影响”，因此他们之间是一种“互相制约，互相依存，家和家之间，派和派之际，有着某些斩不断的葛藤”。[③] 二人的研究方法，都将先秦诸子放在奴隶社会向封建社会的变革时代，具有鲜明的时代色彩。

三、《十批判书》的时代意义与诸子研究的“新时代”启示

郭沫若《十批判书》，无论是从理论贡献还是从学术价值上看，都具有一定的时代意义。

就其理论贡献而言，《十批判书》运用马克思主义唯物史观，研究诸子思想及其所处的历史时代、社会背景，有其特殊的理论意义。这为我们如何把握、运用马克思主义研究诸子思想，并构建新的思想史提供了理论经验。

郭沫若对诸子的批判性研究，有其特殊性与典型性，同时也带有一定的普遍性。自从马克思主义传入中国，很多研究者运用马克思主义的观点方法进行诸子研究，“有些学者‘卓然自成一家’”或“形成‘诸家’，”“三十余年

① 《孔墨的批判》，《中国古代社会研究》（外二种），下册，第667页。

② 同上，第677页。

③ 《先秦诸子思想概要》，《杜国庠文集》，人民出版社1962年版，第4页。

来，在马克思主义学者、专家的努力下，从先秦诸子思想而至两千多年来中国哲学思想史的研究工作已经取得了不少成果”。[①] 这反映了20世纪20年代至60年代马克思主义学者研究诸子的基本面貌[②]。

另外，结合当下的诸子研究，郭沫若先生的《十批判书》也具有一定的时代学术意义：

第一，体现了当时新学与旧学交融之际的学术生态，指明了时代学术研究的新方向。郭沫若先生撰写《十批判书》之时，正是新学、旧学交锋之后，学术研究基本上已经接受了在旧学基础上的新学探索研究，尤其是在新的哲学思想指导下，郭沫若先生以及他周围的马克思主义学者，对当时的学术研究有更高的思考。这一点，为当时的学术研究提供了一个明确的新的方向。

第二，揭示了中国古代学术发展的基本规律，是与王朝更迭、政治革命、社会发展紧密相连的。特殊时代的学术研究，都是在“批判”与“重建”的交替中不断变换，同时反映着特殊时代的政治诉求对文人与学术的影响。易代之际，往往带来学术思想的冲击与对撞。大乱初定之后，尤其是政治稳定、社会和谐，国家处于更高、更新的发展阶段的时候，学术整理与反思势必被提上案头。先秦诸子的哲学思辨，无不是为了国家治理与社会安定的追求。而入秦的《吕氏春秋》是一部大总结著作，具有奠基性的学术重建意义。入汉以后，董仲舒、司马迁、刘向、王充、班固等人的一系列学术活动，也无一不是为了实现在批判基础上的重建工作。王朝更迭、国家和社会发展，对于学术研究具有更直接、更深刻的推动作用。

第三，体现了“细读文本”与思想史结合的新方法。作者在《后记》中多次介绍写作之前的读书工作，如写《韩非子的批判》之时，作者对《韩非子》一书“翻来覆去的读了好几遍”。本来作者计划从真伪考证入手，后来担心做成学究式的流水账，故转而采取了单刀直入的办法。[③] 在写《孔墨的批判》之时，作者把《管子》中的《心术》《白心》《内业》等抄写一遍，“发现了

---

① 王匡：《写在〈杜国庠文集〉后面》，《杜国庠文集》，人民出版社1962年版，第594页。
② 王匡称“三十余年来”，此“后记”写于1961年12月，故知其所总结的时间上限在20世纪20年代。
③ 《十批判书》后记，《中国古代社会研究》（外二种），下册，第1049—1050页。

《心术下篇》和《内业篇》的中段相同”，但出现了错简。[①] 郭沫若先生研究公孙尼子《乐记》，也是参考着《史记・乐书》、《荀子・乐论》以及其他文献，按照刘向《别录》原有的顺序加以整理，抄录一遍。[②] 诸如此类的做法证明，郭沫若先生虽然开展的是思想史的批判，但依靠的则是扎实的文献功夫和文本细读的本领。

第四，当今提出的很多概念，如“史料批判”“文本研究”，其思想渊源皆在郭沫若的《十批判书》有所呈现。如郭沫若先生认为，《周官》《左传》不可尽信，但也不可不信，“使用时须有一番严密的批判”。[③] 而上文所言他对《管子》《乐记》的研究，就属于“文本研究”的方法。

第五，新时代的诸子研究，如何接纳旧传统、新知识之间的交锋与融合，如何正确认识海外汉学专家对我们文本的解读意义，并在此基础上以平常心态接纳他们进入我们的传统文本研究，从而使得中国本土的新、旧之间实现顺利的理解与交接，进而实现中国本土研究者与海外汉学研究者的互相理解、平等交流与互相接纳，是当前古代文学文本研究的重点。如果解决了这些问题，中国古代学术研究的革命性批判与历史性重建的实现，将指日可待。

从整个中国古代学术史上看，郭沫若先生《十批判书》的探索性研究，也给我们带来一定的学术启示：

第一，在新时代大背景下，经过一百年来的学术批判、争论与思考，尤其是经过改革开放四十年来的积淀、创新与探索，我们已经到了一个“思想史重建”的重要关头。如果说，“古史辨派”批判有余、建设不足，而长期以来各种因素造成的对“重建”工作的中断，无疑为21世纪新时代下的学者提出了宝贵而艰巨的学术任务，即如何在继承前贤、总结前人基础上，开拓创新，肩负起各门类学术史“重建”的重任。

第二，在当前中国学术走向世界，并为广大海外汉学家所接受并积极介入的时刻，国际学术合作成为大势所趋。我们带有建设性的批判与重建工作，离

---

① 《十批判书》后记，《中国古代社会研究》（外二种），下册，第1055页。

② 同上，第1047页。

③ 《古代研究的自我批判》，《中国古代社会研究》（外二种），下册，第626页。

不开海外汉学家的参与和贡献。从某种意义上说，康达维、宇文所安、柯马丁等学者在中国学术上的勤勤恳恳的研究与全身心的学术投入，无疑对于我们的学术研究具有推进作用，而非相反。即使那些带有批判性结论，也是对我们传统学术的一个建设性批判，而非具有意识形态性质的彻底的否定或颠覆。[①] 如何重建全新的"新时代"中国学术传统，必须需要他们参与到我们的思考与讨论中来。但我们相信，只要大家能够平心静气坐下来，开展深入的、建设性的学术讨论与探索，相信可以为这种新时代意义上的历史性学术"重建"，探索出一条不同于以往的崭新道路。

第三，"重建"很难，"批判"更不易，因为"批判"需明确被批判的对象。当下，我们与"古史辨派"、郭沫若《十批判书》的不同在于，他们明确以经、史或子部典籍为批判对象。而我们目前的"文学"观念及其内容，皆起源于他们那个时代。也就是说，目前我们的"文学"，本身就是他们在批判基础上"重建"的结果。作为文学研究者，若以此为"批判对象"，就需要重新认识他们"重建"的这个"文学"体系，并结合传统与现代，对"文学"进行一个"重建"。本此，我们不仅要熟悉当前的"文学"体系被构建的过程，还要熟悉他们曾经"批判"的经、史、子部典籍的积极与消极意义，熟悉他们所使用的西方理论与传统方法结合之后的"批判武器"，熟悉当下海外汉学研究与我们传统方法的"结合点"，并明确我们应该如何使用这个新的"批判武器"开展我们的理论重建工作。

无论如何，我们从以郭沫若《十批判书》为代表的前辈的诸子研究中，清理出五四运动以来对中国传统学术的"批判"与"重建"主题，可以为我们在新时期如何撰写思想史提供一定的历史经验。尤其是对于先秦两汉诸子研究而言，郭沫若等人的研究，无疑具有方法论的启示意义。

---

① 例如，柯马丁对中国早期文本带有批判性思维的研究，应该引起我们的重视。他对很多国内学者不阅读国外学术、拒绝学习任何外语、对其他早期文化或关于这些文化极具启发性的研究不感兴趣的批评，很大程度上是一种事实。全文见柯马丁：《超越本土主义：早期中国研究的方法与伦理》，《学术月刊》2017年第1期。

“郭沫若与世界文化高端论坛”学术研讨会综述

张　勇

为响应习主席提出的“一带一路”建设倡议以及扩大郭沫若海外研究的影响力，由郭沫若纪念馆、埃及苏伊士运河大学主办，郭沫若中国研究中心、苏伊士运河大学孔子学院承办的“郭沫若与世界文化”高端论坛，于2018年4月23日至25日在埃及苏伊士运河大学举行。来自中国社会科学院、北京语言大学、山东师范大学、华南师范大学、埃及苏伊士运河大学、爱资哈尔大学、艾因夏姆斯大学、班尼苏维夫大学、本哈大学等10余家中国和埃及的科研院所、高等院校的近三十余位郭沫若研究的海内外学者，参加了此届高端学术论坛。

为了能够突出论坛研讨主题以及中外学者的对话交流，本届“郭沫若与世界文化高端论坛”由主旨报告和大会发言两个部分组成。目前郭沫若的研究在以埃及为代表的阿拉伯语言世界中还未有丰富的研究成果，他们对郭沫若的研究比较陌生，特别是对中国国内郭沫若研究语境以及研究现状还不甚了解。为此，中国社会科学院文学研究所所长刘跃进的报告《中国文学研究四十年思潮》，从文学理论热点、当代中国文学思潮、文学史及文学史料研究和文学普及等四个方面，回顾了自1978年以来中国现代文学研究的现状及趋势，特别是其中所存在的问题。而这四十年恰恰是郭沫若研究蓬勃发展的阶段，这个时期内郭沫若研究有低谷，也有高峰；有成果，也有问题。其中的原因何在，刘跃进研究员从总体的角度高屋建瓴地阐述了这个问题，并特别提出要坚持文学研究的原创性和时代性、系统性和专业性、继承性和民族性的统一。这些阐述和方法对于埃及学者对郭沫若研究及中国文学研究具有鲜明的指导意义。中国有句俗话“墙里开花墙外香”，如果以此来形容郭沫若海外研究并不为过。国内郭沫若研究目前处于一个比较平稳的阶段，但国外的郭沫若研究却呈现出方兴未艾的局面。特别是自2008年以来海外郭沫若研究更是加速发展，无论从郭沫若研究学者国别的增加，还是郭沫若研究成果水平的提升，都较之以往有了突飞猛进的发展。对于郭沫若研究的世界性问题，中国郭沫若研究会副会长、山东师范大学魏建教授以《近十年来走向世界的郭沫若研究》为题作了主旨发言。他的报告分为上下两编，分别阐述了自2008年国外郭沫若研究发展的历程，详细梳理了历次国际郭沫若研究会议及事件，并且还从国内郭沫若研究对于郭沫若研究世界化的进展所作出的重要贡献进行了阐述，从而使与会的中外学者认识到：郭沫若研究的国际化程度不断推进和扩展，不仅提升了自身的学术水平，而且带动了相关领域的国际化步伐。如果说中方的两位学者都是从宏观角度阐释了郭沫若研究的相关问题，那么埃及的两位学者则从微观角度阐述了对郭沫若相关作品的研究。《蔡文姬》是郭沫若创作的著名历史剧，也曾被翻译成多个国家语言在世界传播，但是阿拉伯语的《蔡文姬》中国国内却很少有人知晓，爱资哈尔大学教授阿卜杜·阿齐兹·哈马迪是第一位将《蔡文姬》翻译成阿拉伯语的著名学者，他的《郭沫若与他的历史剧〈蔡文姬〉》主旨发言，从译介学的角度阐释了郭沫若历史剧创作的文化内涵。在郭沫若研究中，比较文学研究是个薄弱的环节，在现有的比较文学研究中也多集中于与德国文学、日本文学等比较方面，与阿拉伯文学的比较至今还未有研究成果。来自本哈大学中文系迪那博士作了《郭沫若与萨拉哈·阿卜杜·萨布尔的诗句比较研究》的主旨报告，作为中国现代白话新诗和埃及新诗运动代表人物萨拉哈·阿卜杜·萨布尔在创作方面与郭沫若有着诸多趋同性，迪那从诗歌创作本体论的角度阐释了这两位现代诗人在诗歌语言、艺术特色等方面的异同。

本次高端论坛共有两场大会发言，分别围绕着郭沫若作品的解读与阐释、郭沫若文化的世界意义及价值等方面的论题展开。赵笑洁（郭沫若纪念馆馆长）在梳理郭沫若与埃及文化渊源的基础上阐述了郭沫若重要的历史价值；哈桑·拉加布（苏伊士运河大学语言学院院长）从诗歌创作意象的角度阐发了郭沫若诗歌创作的独特魅力；程凯（中国社会科学院文学研究所研究员）从详实的史料入手，论述了郭沫若作为“中国保卫世界和平大会委员会主席”所具有的历史价值；哈桑·优素福（苏伊士运河大学文学院阿拉伯语系主任）则从埃及文化的角度阐发了郭沫若诗歌的文化价值；张勇（中国社会科学院郭沫若纪念馆研究员）从“一带一路”倡议的意义中阐述了郭沫若在新中国成立后外交诗歌的学术意义；艾哈迈德·阿布·瓦法（苏伊士运河大学语言学院英语系讲师）论述了郭沫若诗歌创作与中华民族复兴运动的关联性；孙少华（中国社会科学院文学研究所副编审）阐述了《十批判书》创作对当代诸子研究的启示作用；拉沙·卡玛尔（艾因夏姆斯大学副教授）从人物形象等多个方面论述了郭沫若小说创作的美学特征；夏依玛·卡玛尔（班尼苏维夫大学讲师）详细论述了阿拉伯语郭沫若作品及研究翻译的现状及问题。

本次高端论坛无论对于郭沫若研究还是国家“一带一路”倡议都具有重要的意义。首先本次高端论坛具有较强的现实意义。自“一带一路”倡议提出之后，国内外举办了一系列有关“一带一路”的论坛、研讨会、博览会等，这对各方增进理解、凝聚共识、深化合作发挥了重要作用，但是如何造成持续性的文化影响力，搭建切实可行的文化沟通平台，形成持之有效的文化交流共同机制，应是“一带一路”倡议中文化战略发展首要解决的问题。本次高端论坛的成功举办，对于借助于以郭沫若为代表的中国近现代文化名人的价值，多方位、多角度地突显他们在中国社会变革时期所展现出特有的人格魅力，从而弘扬中华民族独有的精神内涵具有重要的示范作用。

再者，本次高端论坛进一步扩大了郭沫若研究世界性的范畴，加深了郭沫若研究国际化的程度，并取得了众多学术发现。至今为止，郭沫若的研究已经在亚洲、欧洲、北美洲、澳洲等多地举办过相关的学术研讨活动，并以此带动了当地学术界对于郭沫若研究的兴趣，但是郭沫若研究在阿拉伯语地区情况如何，一直未能被认知。此次高端论坛，虽有规模和人数的限制，但埃方参会的研究单位多达5家，参会学者有15人之多，还吸引了众多埃及研究中国文化的学者前来听会，由此可见，郭沫若研究在阿拉伯语世界中也具有很大的影响。另外，本次高端论坛还收集到第一本郭沫若《蔡文姬》的阿拉伯语翻译版本等一些重要学术研究资料。

通过此次高端学术论坛的举办，我们详尽梳理了郭沫若与埃及之间的关系，从而全面深刻地认识了郭沫若的世界价值和时代内涵，对中国现代文化如何走向海外起到了示范性的作用。

（此文刊于《郭沫若学刊》2018年第3期）

学者影像■

中国学者

（以发言顺序排序）

刘跃进，1958年生。中国社会科学院学部委员、文学研究所所长、研究员、博士生导师。兼任《文学遗产》杂志主编、中华文学史料学学会会长、中国现代文化研究会副会长、《中国大百科全书》第三版中国文学卷副主编及先秦卷和秦汉卷主编等。出版专著有《秦汉文学地理与文人分布》《秦汉文学编年史》《门阀士族与文学总集》《中古文学文献学》《赋到沧桑——中国古典诗歌引论》《〈金瓶梅〉中商人形象透视》《雄风振采——汉代文学通览》等。论文集有《古典文学文献学丛稿》《秦汉文学论丛》《走向通融——世纪之交的中国古典文学研究》《回归中的超越——文学史研究的多种可能性》等。与曹道衡先生合著《先秦两汉文学史料学》《南北朝文学编年史》等。古籍整理有《〈文选〉旧注辑存》等。

发言题目：

中国文学研究四十年思潮

魏建，1958年生。山东师范大学特聘教授、博士生导师，国家重点学科学术带头人，国际郭沫若学会执行会长、中国郭沫若研究会副会长、中国现代文学研究会常务理事、中国老舍研究会常务理事、山东省中国现代文学学会会长等。获得教育部优秀科研成果二等奖和山东省社会科学优秀成果奖一等奖等省部级科研成果奖17项。获得国家级教学成果二等奖和省级教学成果奖6项。被评为国家“万人计划”领军人才，享受国务院政府特殊津贴。

发言题目：

近十年来走向世界的郭沫若研究

赵笑洁，1963年生。中国社会科学院郭沫若纪念馆馆长、副研究馆员、中国社会科学院郭沫若纪念馆创新工程首席管理、郭沫若中国研究中心秘书长、中国郭沫若研究会理事、北京博物馆学会常务理事。主编有《郭沫若研究年鉴》《文化名人与民族精神——2015年北京八家名人故居纪念馆活动纪实》《时代之音——读名家名言，听文物故事》等出版物。代表作有《中国书法家全集·郭沫若》（合著）等。

发言题目：

郭沫若与埃及

程凯，1974年生。1993—2004年就读北京大学中文系，现代文学博士。任职于中国社会科学院文学研究所，研究员。曾出版专著《革命的张力——“大革命”前后新文学知识分子、新青年的历史处境与思想探求（1924—1930）》（北京大学出版社，2014年）。近年发表论文《重读〈新的信念〉与〈我在霞村的时候〉》《乡村变革的文化权力根基——再读〈小二黑结婚〉与〈李有才板话〉》《“群众创造”的经验与问题——以“〈穷人乐〉方向”为案例》《典型的诞生——从蒲忠智到王家斌》《“理想人物”的历史生成与文学生成——“梁生宝”形象的再审视》等。

发言题目：

1950年：“和平签名运动”在中国

张勇，1976年生。博士研究生，曾从事博士后研究工作，现任中国社会科学院郭沫若纪念馆研究员，中国社会科学院研究生院文博中心特聘教授，硕士生导师，《郭沫若研究年鉴》常务副主编，国家社科基金项目主持人。长期从事中国现当代文学的教学和研究工作，尤其是在创造社和郭沫若研究方面取得了丰硕的成果，撰写学术专著1部，主编著作10余部，主持、参与国家社科基金项目3项，

省部级课题多项。在《中国现代文学研究丛刊》《鲁迅研究月刊》《新文学史料》《中国文学研究》《山东社会科学》《中国文化报》等学术报刊发表学术论文70余篇。

发言题目：

“一带一路”倡议下的郭沫若文化海外传播

孙少华，1972年生。文学博士，中国社会科学院文学研究所副编审，中华文学史料学学会副会长、中华文学史料学古代文学分会副会长兼秘书长。主要从事先秦两汉魏晋南北朝文学文献学研究，曾主持国家社科基金资助项目两项、主持国家社科基金重大招标项目子课题一项、参与国家重大招标项目一项、中国社会科学院《中华思想通史·中华文艺思想通史》秦汉卷主编。曾在《中国社会科学》《哲学研究》《文学评论》等各类杂志发表文章多篇，出版《孔丛子研究》等专著4部（其中一部为合著）。

发言题目：

批判与重建——郭沫若《十批判书》与“新时代”诸子研究的再思考

咸立强，1977年生。2002年复旦大学中文系中国现当代文学专业博士毕业，2005年7月到华南师范大学任教，现为华南师范大学文学院教授。研究方向主要是中国现代文学社团史、20世纪中外文学关系等，近年来主要从事郭沫若研究和翻译研究。出版《寻找归宿的流浪者——创造社研究》等专著，发表学术论文60余篇。

发言题目：

新文学的世界性视野：郭沫若文学创作中的埃及元素

朱廷婷，1982年生。埃及苏伊士运河大学孔子学院中方院长，阿拉伯语讲师，郭沫若中国研究中心成员。译著《世界各国宪法》亚洲卷和非洲卷的阿拉伯国家宪法，中国检察出版社出版。

埃及学者

（以发言顺序排序）

阿卜杜·阿齐兹·哈马迪，爱资哈尔大学教授，中文系主任，博士生导师。

发言题目：

郭沫若与他的历史剧《蔡文姬》

迪娜·图哈米，本哈大学中文系讲师。

发言题目：

郭沫若与萨拉哈·阿卜杜·萨布尔的诗句比较研究

哈桑·拉加布，苏伊士运河大学语言学院院长，孔子学院埃方院长、教授。

发言题目：

郭沫若诗歌创作的新收获

哈桑·优素福，苏伊士运河大学教授，前文学院院长、现文学院阿拉伯语系主任，博士生导师。

发言题目：

埃及人民眼中的郭沫若诗歌价值

艾哈迈德·阿布·瓦法，苏伊士运河大学语言学院英语系讲师。

发言题目：

郭沫若诗歌与中华民族的复兴

拉莎·卡玛尔，艾因夏姆斯大学副教授。

发言题目：

论郭沫若的短篇小说

夏依玛·卡玛尔，班尼苏维夫大学讲师。

发言题目：

浅议郭沫若翻译研究

活动纪实

探索·传播·开拓

——郭沫若翻译作品文献史料展

2017年4月10日至5月12日，为纪念郭沫若诞辰125周年，“探索·传播·开拓——郭沫若翻译作品文献史料展”在郭沫若纪念馆西院展厅举办。

作为20世纪的文化巨匠，郭沫若在哲学社会科学诸多领域取得了辉煌的成就。同时，作为杰出的翻译家，他通过探索研究西方哲学社会科学理论，翻译传播马克思主义学说，将西方现代社会科学方法运用于对中国历史、中国社会的研究，进而开拓出中国马克思主义史学的道路。他的翻译作品涉猎广泛，既有如《政治经济学批判》《德意志意识形态》等马克思主义经典著作，又有如《美术考古一世纪》《生命之科学》等考古学、自然科学专著，更有《鲁拜集》《少年维特之烦恼》《浮士德》等脍炙人口的外国文学名著。

本展览是郭沫若纪念馆课题《郭沫若全集·翻译编》阶段性成果之一。在此展出的是纪念馆近几年搜集整理的郭沫若翻译作品版本书及相关文献史料，2017年是郭沫若诞辰125周年，值此春天来临之际，重温他的翻译之路既是一次学习，更是一种缅怀。

部分展品

《郭沫若全集·补编》成果研讨会

为纪念郭沫若诞辰125周年暨中国社会科学院创新工程项目《郭沫若全集·补编》课题的阶段成果展示，由中国社会科学院郭沫若纪念馆、外国文学研究所和文学研究所共同举办的“探索·传播·开拓——郭沫若翻译作品文献史料展”及学术研讨会2017年5月5日在郭沫若纪念馆召开。

来自中国社会科学院文学研究所、外国文学研究所、清华大学、北京大学、中国科学院、中央编译局、北京工业大学等单位的专家参加了此次学术研讨会。

郭沫若纪念馆馆长赵笑洁在致辞中强调，郭沫若借助于对国外名篇的译介，为“五四”时期的中国传播了新的文化理念，有力地推动了传统中国的现代性的转型，因此希望与会的专家畅所欲言为《郭沫若全集·补编》“翻译编”的最后的定稿、出版出谋划策。外文所副所长吴晓都研究员，郭沫若纪念馆原馆长、郭沫若之女郭平英，中国郭沫若研究会执行会长蔡震研究员，文学所现代文学研究会赵稀方研究员，清华大学中文系主任王中忱教授等专家学者分别就郭沫若翻译作品的版本演变、翻译的历史价值以及翻译作品的解读等方面的问题进行了深入细致的讨论。郭沫若纪念馆副研究员张勇主持了此次学术研讨会。

会场

走进郭沫若纪念馆的朗读

2017年5月6日，北京156中学来到郭沫若纪念馆，开展校外实践学习。郭沫若纪念馆与北京156中学共同组织、策划了《游郭老故居，诵经典诗篇》主题诗词诵读会。活动旨在丰富学生的情感体验，进而提升对诗歌的理解与鉴赏能力。

本次诗会共分为三个环节：郭沫若经典诗词诵读、古典舞蹈表演和海棠诗词赏析。学生自主选诗、撰稿，在高一年级三位语文老师的指导下，反复修改练习。这次诗词诵读会，学生不仅对现代诗歌的直观感受有所提升，而且增强了学习的主动性，同时通过参观名人故居纪念馆的学习方式为学生带来耳目一新的体验，也增强了当代青少年对中国优秀传统文化的认知，陶冶了他们的情操，培养了他们的爱国情怀。

学生朗诵

中华文化名人郭沫若展厅落户埃及

2017年5月22日，由“郭沫若中国研究中心”筹建的中华文化名人郭沫若展厅在埃及苏伊士运河大学揭幕。中国驻亚历山大总领事徐南山、苏伊士运河大学校长马木杜哈·古拉布、副校长阿提夫·阿布努尔、新华社中东总分社社长曾虎、中国国际广播电台中东地区总站站长张立、苏伊士运河大学孔子学院中方院长朱廷婷及埃方院长哈桑·拉吉布、北京市文物局博物馆处处长范军以及郭沫若中国研究中心赴埃代表团成员等出席揭幕仪式。

郭沫若展厅位于苏伊士运河大学孔子学院新大楼内，厅内放置郭沫若半身像，并通过20余幅中阿英三种文字的展板展示了郭沫若伟大的一生以及与埃及的不解之缘。郭沫若是中国著名的文学家、历史学家、社会活动家，曾任中国保卫世界和平大会委员会主席，也是中国民间外交的创始人，被海外誉为“中国的外交形象大使”。郭沫若曾两度出访埃及，1957年12月，他率团参加在开罗举行的亚非团结大会；1970年10月，他作为中国特使，参加了纳赛尔总统的葬礼。郭沫若还曾多次写下诗歌，声援埃及人民接管苏伊士运河的正义斗争、赞美埃及的人民与风物，他是中埃友

参观展厅

朗诵比赛现场

谊的推动者与见证人。郭沫若展厅也将作为中文专业学生和中文学习爱好者的现场教学实践基地，学生将作为志愿者参与展厅讲解，做中埃文化交流的青年使者。

为纪念郭沫若诞辰125周年，揭幕仪式后，来自埃及多所高校的中文专业学生和中文学习爱好者参加了郭沫若诗歌朗诵比赛，他们声情并茂地朗诵了郭沫若的诗歌名篇《地球，我的母亲》《炉中煤》《太阳礼赞》《天上的街市》《骆驼》等。

中国书法展在埃及郭沫若展厅举办

2017年10月，埃及苏伊士运河大学孔子学院在中华文化名人郭沫若展厅举办了“中国书法展”，为纪念郭沫若诞辰125周年，部分书法作品以郭沫若歌颂埃及的诗歌为主题。

探讨书法作品

学员合影

郭沫若展及研讨会在罗马尼亚举行

2017年11月1至5日，应罗马尼亚锡比乌卢奇安布拉卡大学邀请，郭沫若纪念馆代表团出席该校与孔子学院联合举办的“教育与文化中的优越性与可持续性”国际研讨会暨锡比乌孔子学院10周年校庆活动。在会议中，“郭沫若中国研究中心”的代表及学者北京语言大学中东学院院长罗林教授以郭沫若纪念馆为例讲述了中国传统建筑美学特征，中国郭沫若研究会副会长、山东师范大学教授魏建讲述了郭沫若研究在世界的传播，埃及苏伊士运河大学孔子学院中方院长朱廷婷讲述了以郭沫若纪念馆为代表的博物馆与孔子学院合作模式的探索与研究。在研讨会上还举办了125周年纪念展览——“郭沫若展”。

罗林院长发言

魏建教授发言

赵笑洁馆长介绍

朱廷婷院长发言

时代印记

——郭沫若诞辰125周年纪念展

2017年，正值郭沫若诞辰125周年之际。郭沫若纪念馆（北京）、郭沫若纪念馆（重庆）、郭沫若纪念馆（乐山）三处为纪念郭沫若而诞生的博物馆，与四川大学校史展览馆、乐山师范学院郭沫若研究中心合作推出巡展“时代印记——郭沫若诞辰125周年纪念展”。

展览通过郭沫若曾留下“印记”的三处故居和两所学校串联起其生命中最多彩的华章，重现他在中华民族历史转折时刻，立于时代浪尖，引领中国文化前行的不朽一生。5个郭沫若纪念地也相继围绕这一主题开展系列纪念活动。

“时代印记——郭沫若诞辰 125 周年纪念展”在郭沫若纪念馆（北京）举办

“时代印记——四川大学著名校友郭沫若诞辰 125 周年纪念展”在四川大学举办

纪念郭沫若诞辰 125 周年系列活动在郭沫若故乡四川省乐山市沙湾区举办，其中也包括“时代印记”展览

国内郭沫若纪念地纵览

1892年11月16日，郭沫若出生在距四川嘉定府（今乐山）不远的小镇沙湾。这时，两千年的中国封建帝制正走向终结，民主思想、现代科学与传统文化相互碰撞，一代伟人诞生于这变换的社会浪潮之中。怀着对家乡、对祖国的满腔热血，他投身新文化运动，之后又毅然参与北伐，在大革命的烽火中投身共产主义事业。

1937年卢沟桥事变爆发。在国家民族面临危难的时刻，郭沫若摆脱日本当局的监视重返祖国，成为中国文化艺术界抗日救亡运动的领军人物。“文化若亡，民族将永归沦陷”。在雾都重庆，他写作出了《屈原》《虎符》等脍炙人口的历史话剧，《十批判书》《青铜时代》《甲申三百年祭》等学术著作，以文学之力鼓舞祖国同胞万众一心，生死与共，为复兴中华民族而坚持到底，推动了战争年代中国文化的建设，学术思想的活跃，艺术创作的繁荣。

1949年中华人民共和国成立后，郭沫若担负起新中国科学、文化、教育、外交等方面的领导职责。在首都北京，为建设和平友好、相互尊重的国际社会关系，他活跃于民间外交的舞台上，以学者的智慧、诗人的热诚赢得各国朋友的敬重和信任。作为中国科学院的首任院长、中国文学艺术工作者联合会的主席，他与科学家们一起努力，使新中国自然科学、哲学社会科学各个学科的队伍迅速壮大；和文艺工作者们广交朋友，共同营造着百花齐放、百家争鸣的文化氛围。同时，他从未停歇过自己的创作之笔，诗歌、剧本、古籍整理、文物考证，丰富的学术研究与艺术创作伴随着他繁忙的国务工作。

1978年郭沫若去世后，为了纪念他对祖国和人民作出的伟大贡献，他在世时生活战斗过的北京、乐山、重庆三处故居，先后被列为全国重点文物保护单位，相继对外开放。

北京郭沫若纪念馆

郭沫若纪念馆（北京）位于北京市西城区前海西街18号，是一座占地面积7000多平方米的庭院式两进四合院。始建于20世纪20年代，原为中医世家乐氏达仁堂私宅的一部分。新中国成立后，先后作过蒙古国驻华大使馆和宋庆龄寓所。郭沫若于1963年11月迁入，至1978年6月12日病故，在这里度过了他的晚年。

郭沫若去世后，1978年10月，这里成为郭沫若著作编辑出版委员会办公室的办公地，隶属中国社会科学院。1982年1月28日，中共中央书记处第147次会议做出决定，将此处定名为“郭沫若故居”，邓颖超、成仿吾、李一氓分别为故居题名；同年，故居被列为全国重点文物保护单位。从此，郭沫若著作编辑出版委员会办公室与郭沫若故居，一个机构、两块牌子同时开展工作。1982年11月，郭沫若故居举行定名仪式，并举办了局部陈列临时开放的展览。1988年郭沫若故居正式全面对外开放，1992年被北京市政府命名为爱国主义教育基

北京郭沫若纪念馆庭院

展室陈列

地。1994年7月，中国社会科学院院务会议决定将郭沫若著作编辑出版委员会暨郭沫若故居更名为郭沫若纪念馆。

从1978年筹建以来，郭沫若纪念馆历经了名称的变更，职能也由当初的编辑出版郭沫若著作转变为具有科研、文物保护、对外展览以及公众教育等多种功能的博物馆，每年迎接观众达5万余人。

郭沫若纪念馆绿树参天，环境宜人。垂花门内郭沫若的办公室、客厅、卧室和夫人于立群的写字间依然如故，保持着主人在世时的景象。四合院东西厢房和后罩房两侧的房间，当年分别做过会议室、秘书办公室及家人的住房，现在已辟为展室。展览从生平、历史、文学、艺术等多方面立体地展示了郭沫若这样一位百科全书式的文化巨匠。

乐山郭沫若纪念馆

——乐山郭沫若故居景区

乐山郭沫若故居景区位于四川省乐山市沙湾区文豪路中段，由郭沫若故居、郭沫若纪念馆、沫若文化苑三个部分组成。

郭沫若故居坐西向东，背负绥山（即二峨山），面对沫水（即大渡河）。始建于清嘉庆年间，三重四合院布局，穿斗木结构建筑，单檐悬山式屋顶，小青瓦平房。故居占地3260平方米，建筑面积1108平方米，有大小房间36间，集居室、商铺、家塾和园林于一体，是郭沫若诞生和少年时代生活、学习的地方。故居已有两百多年历史，依旧保持着古朴的风貌，见证了郭沫若从孩童到世界文化名人的成长过程。故居自1980年恢复开放至今，接待了党和国家领导人乔石、杨汝岱以及原国防部长张爱萍、国家外交部部长杨洁篪等。1994年、

乐山郭沫若纪念馆

乐山郭沫若纪念馆雕像

1995年被四川省委、省政府列为省级青少年革命传统教育基地和爱国主义教育基地，2006年被国务院公布为第六批全国重点文物保护单位。

郭沫若纪念馆建成于2012年10月，工程建设布展总投资3863万元，占地面积6056平方米，建筑面积3698平方米，陈列布展面积2200平方米。纪念馆以抽象传意表达传统川西民间建筑意象氛围为设计理念，以场景雕塑、多媒体、动漫等展陈方式，全方位、多角度展示郭沫若在文学艺术、历史考古、思想文化、科学教育、社会活动等领域的卓越成就及其波澜壮阔的传奇人生。

沫若文化苑建成于2012年10月，工程总投资1980万元，占地面积14980平方米，建筑面积1732平方米，为沫若文化主题公园，是故居和纪念馆内涵和外延的补充。

重庆郭沫若纪念馆

——国民政府军事委员会政治部第三厅暨文化工作委员会旧址

重庆郭沫若纪念馆（国民政府军事委员会政治部第三厅暨文化工作委员会旧址）位于西永街道香蕉园村。纪念馆占地面积10190平方米，建筑面积1566平方米，建筑风格为清晚期四合院，穿逗结构，小青瓦屋面，斜山式屋顶。抗战时期，国民政府军事委员会政治部第三厅暨文化工作委员会在此设立乡间办事处，时任三厅厅长的著名文学家、社会活动家、历史学家郭沫若曾寓居于此。

2005年，沙坪坝区开展对该处旧址的抢救性修复工作，同年9月作为免费开放纪念馆对外陈列开放。纪念馆现为全国重点文物保护单位、国家3A级旅游景区、重庆市爱国主义教育基地。

郭沫若于1938年12月抵渝，任国民政府军事委员会政治部第三厅厅长。抗战时期，三厅作为在国统区内由共产党起主导作用的政府机构，成为以共产

重庆郭沫若纪念馆

展室部分陈列

党为核心，动员各民主党派、人民团体和民主人士参加的抗日民族统一战线的营垒。1940年，国民党政府撤销三厅，设立为文化工作委员会，周恩来任指导员，郭沫若任主任。

抗战时期，郭沫若在重庆领导文化界人士进行抗日宣传工作，此处逐渐成为当时大批文艺界人士活动的重要阵地。郭沫若在此完成了《屈原》《虎符》《高渐离》《棠棣之花》《孔雀胆》《南冠草》等历史剧的创作，完成了被毛泽东高度赞赏并列为延安整风学习文件的《甲申三百年祭》，《青铜时代》《十批判书》等也相继问世。抗战胜利后，郭沫若离开了重庆。

展板设计

郭沫若著译作品出版简表

1920年
三叶集（郭沫若、田寿昌、宗白华书信集）
上海亚东图书馆5月初版

1921年
茵梦湖（译作，[德]施托姆著，郭沫若、钱君胥合译）
上海泰东图书局7月初版
女神（诗集）
上海泰东图书局8月初版

1922年
少年维特之烦恼（译作，[德]歌德著）
上海泰东图书局4月初版

1924年
鲁拜集（译作，[波斯]莪默伽亚谟著）
上海泰东图书局1月初版

1925年
社会组织与社会革命（译作，[日]河上肇著）
商务印书馆5月初版
新时代（译作，[俄]屠格涅夫著）
商务印书馆6月初版
文艺论集（文集）
光华书局12月初版

1926年
约翰沁孤的戏曲集（译作，[爱尔兰]约翰·沁孤著）
商务印书馆3月初版
异端（译作，[德]霍普特曼著）
商务印书馆5月初版
争斗（译作，[英]高尔斯华士著）
商务印书馆6月初版
西洋美术史提要（译作，[日]板垣鹰穗著，[illegible]）
商务印书馆7月初版
雪莱诗选（译作，[英]雪莱著）
三个叛逆的女性
光华书局4月初版

1927年
法网（译作，[英]高尔斯华绥著）
联合书店7月初版
银匣（译作，[英]高尔斯华绥著）
商务印书馆7月初版
德国诗选（译作，[德]歌德、席勒等著，郭沫若、成仿吾合译）
创造社出版部1927.10初版
瓶（诗集）
创造社出版部4月初版

1928年
浮士德（第一部）（译作，[德]歌德著）
创造社出版部3月初版
沫若译诗集（译作，[印]伽里达若等著）
创造社出版部5月初版
查拉图司屈拉钞（译作，[德]尼采著）
创造社出版部6月初版
石炭王（译作，[美]辛克莱著）
乐群书店11月初版
恢复（诗集）
创造社出版部3月初版

1929年
美术考古学发现史（译作，[德]米海里司著，后更名为《美术考古一世纪》）
乐群书店7月初版
我的幼年（自传，1933年改版更名《幼年时代》）
光华书局4月初版
屠场（译作，[美]辛克莱著，1930年再版时更名《[illegible]》）
南强书局8月初版
新俄诗选（译作，郭沫若、李一氓合译）
光华书局10月初版
反正前后（自传，1931年改版更名《划时代的转变》）
现代书局8月初版

1930年
煤油（译作，[美]辛克莱著）
光华书局6月初版
中国古代社会研究
联合书店3月初版

1931年
战争与和平（第一册上）（译作，[俄]托尔斯泰著）
文艺书局8月初版
（第一册下、第二、第三册，于1932年1月、9月、1933年3月出版）
政治经济学批判（译作，[德]马克思著）
神州国光社12月初版
甲骨文字研究
大东书局5月影印初版
殷周青铜器铭文研究
大东书局6月影印初版

1934年
生命之科学（第一册）（译作，[英]威尔士著）
商务印书馆10月初版
（第二、第三册，于1935年10月、1949年11月出版）
古代铭刻汇考续编
日本文求堂4月影印初版

1935年
日本短篇小说集（译作，[日]芥川龙之介等著）
商务印书馆3月初版
两周金文辞大系图录
日本文求堂3月影印初版

1936年
艺术作品之真实性（译作，[德]马克思著，上海群益出版社1947年出版时更名《艺术的真实》）
东京质文社5月初版
华伦斯太（译作，[德]席勒著）
生活书店9月初版
隋唐燕乐调研究（译作，[日]林谦三著）
上海商务印书馆11月初版
先秦天道观之进展
商务印书馆5月初版

1937年
人类展望（译作，[英]威尔士著）
开明书店3月初版
北伐（自传）
北雁出版社6月初版

1938年
德意志意识形态（译作，[德]马克思、恩格斯著）
言行出版社11月初版
战声（诗集）
战时出版社1月初版
甘愿做炮灰（剧作）
北新出版社1月初版
文艺与宣传（文集）
生活书店 8月初版

1942年
赫曼与窦绿苔（译作，[德]歌德著）
文林出版社4月初版
屈原（剧作）
文林出版社3月初版
蒲剑集（文集）
文学书店4月初版
棠棣之花（剧作）
作家书屋7月初版
虎符（剧作）
群益出版社10月初版

1944年
南冠草（剧作）
群益出版社3月初版
甲申三百年祭
出版地不详

1945年
青铜时代
文治出版社3月初版
十批判书
群益出版社9月初版

纪念郭沫若诞辰125周年系列活动

探索·传播·开拓——郭沫若翻译作品文献史料展

展览时间：2017年4月10日至5月12日

主办单位：郭沫若纪念馆

序　言

作为20世纪的文化巨匠，郭沫若在哲学社会科学诸多领域取得了辉煌的成就。同时作为杰出的翻译家，他通过探索研究西方哲学社会科学理论，翻译传播马克思主义学说，将西方现代社会科学方法运用于对中国历史、中国社会的研究，进而开拓出中国马克思主义史学的道路。他的翻译作品涉猎广泛，既有如《政治经济学批判》、《德意志意识形态》等马克思主义经典著作，又有如《美术考古一世纪》、《生命之科学》等考古学、自然科学专著，更有《鲁拜集》、《少年维特之烦恼》、《浮士德》等脍炙人口的外国文学名著。

本展览是郭沫若纪念馆课题《郭沫若全集•翻译编》阶段性成果之一。在此展出的是纪念馆近几年搜集整理的郭沫若翻译作品版本书及相关文献史料。2017年是郭沫若诞辰125周年，值此暮春之际，重温他的翻译之路既是一次学习，更是一种缅怀。

郭沫若纪念馆

2017年4月

1919年起，郭沫若与九州帝国大学医学部同学钱君胥开始合译德国作家施笃谟（史托姆T. Storm）的小说《茵梦湖》。1921年7月1日，作品由上海泰东图书局作为《世界名家小说》第1种出版发行，成为郭沫若发表的第一本翻译作品。内收原作者小传、老人、两小、林中、圣诞节、归乡、惊耗、茵梦湖、睡莲、以丽沙白、老人等篇。本书以后多次再版，仅泰东即有十余版次之多。

《茵梦湖》

1921年7月，郭沫若开始翻译德国作家歌德（J. W. Goethe）的小说《少年维特之烦恼》。1922年1月他所作《<少年维特之烦恼>序引》首先发表于上海《创造》季刊5月1日第1卷第1期。1922年4月，《少年维特之烦恼》由泰东图书局作为《创造社丛书·世界名家小说》第2种出版发行。后在泰东再版十多次，并有创造社出版部、上海联合书店、上海现代书局、重庆群益出版社等多种版本。

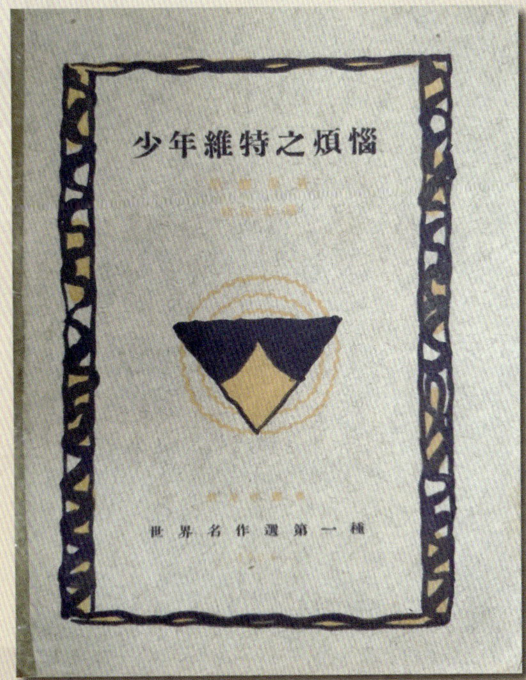

《少年维特之烦恼》

1925年，在瞿秋白建议下，郭沫若将注意力转向俄国作家托尔斯泰（L. Tolstoi）的小说《战争与和平》，动笔翻译已是几年之后。郭沫若翻译《战争与和平》时以德译本为主，并参考英、日译本。1931年8月起，《战争与和平》开始由上海文艺书局出版，至1933年先后出版了三个分册，因出版社原因最终未全书译完。1940年代，郭沫若与高地合作译完《战争与和平》，全书四卷1941年12月由重庆五十年代出版社出版。

《战争与和平》

1936年，郭沫若开始翻译德国作家席勒（F. Z. Schiller）的作品《华伦斯太》。9月，作品由上海生活书店出版发行，列入“世界文库”。1955年4月，人民文学出版社再版时改译书名为《华伦斯坦》，译文亦作了修改。

《华伦斯太》

1926年2月，郭沫若翻译爱尔兰作家约翰沁孤（J. M. Synge）的剧作集《约翰沁孤的戏曲集》由上海商务印书馆出版发行，集中收约翰沁孤的戏剧作品6种。后改版为平装本，并改署名郭鼎堂译述。

《约翰沁孤的戏曲集》

1920年，《时事新报》主笔张东荪约稿翻译歌德的诗剧《浮士德》，由此郭沫若开始了近30年的翻译过程。1928年2月，《浮士德》第一部由创造社出版部出版发行，列为世界名著选第8种。1947年3月，上海群益出版社发行《浮士德》第二部，至此《浮士德》才告译毕出版完全。

《浮士德》

1922年9月30日，郭沫若的论文《波斯诗人莪默伽亚谟（Omar Khayyam）》及译诗101首脱稿，发表于上海《创造》季刊11月25日第1卷第3期。全文经修订后，由上海泰东图书局于1924年1月出版单行本，题名《鲁拜集》。

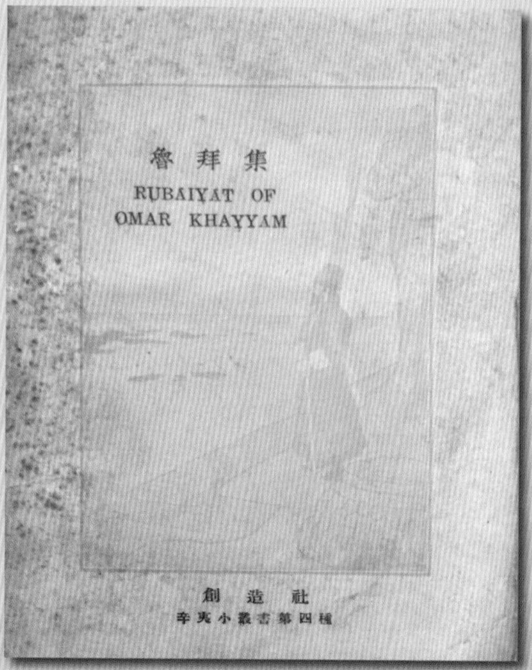

《鲁拜集》

1923年5月，郭沫若开始翻译德国哲学家尼采（F. Nietzsche）的《查拉图司屈拉钞》（现译《查拉图斯特拉如是说》），之后陆续发表于上海《创造周报》。1928年6月，《查拉图司屈拉钞》由创造社出版部出版发行，列为世界名著选第11种。译作系尼采原作中的第一部，第二部只翻译了《持镜的小孩》等4节。

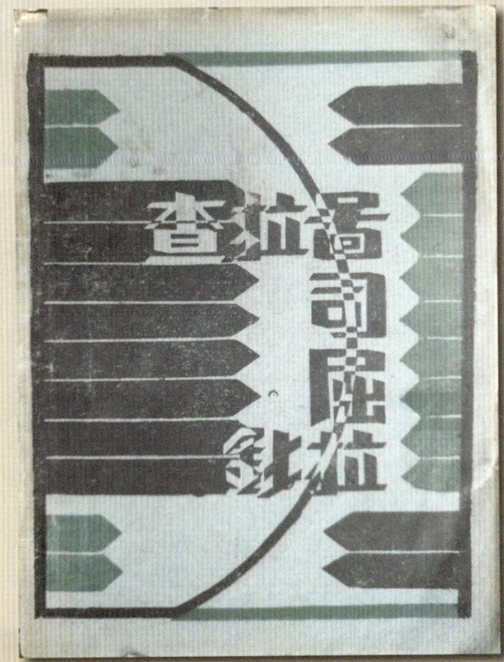

《查拉图斯屈拉钞》

1929年7月，郭沫若翻译的德国学者米海里斯(A. Michaelis)作品《美术考古学发现史》由上海乐群书店出版发行，此译本所据为日本学者滨田青陵的日文译本。后郭沫若以成仿吾从德国柏林邮寄的德文原版为参考重新改译全书，1948年8月改书名为《美术考古一世纪》由上海群益出版社出版发行。

《美术考古学发现史》

1931年3月，郭沫若开始翻译英国作家威尔士（H.G.Wells）的作品《生命之科学》。该书的翻译工作至1932年1月，“已经译就了有一半的光景”，但未及出版，译稿在上海商务印书馆编译所毁于“一·二八”战火。1933年，翻译工作再次继续。1934年10月，《生命之科学》第1册(书第1编至第3编)由上海商务印书馆出版发行，署名石沱译。1935年11月，第2册(第4编至第6编)出版，1949年11月第3册(第7至9编)出版。

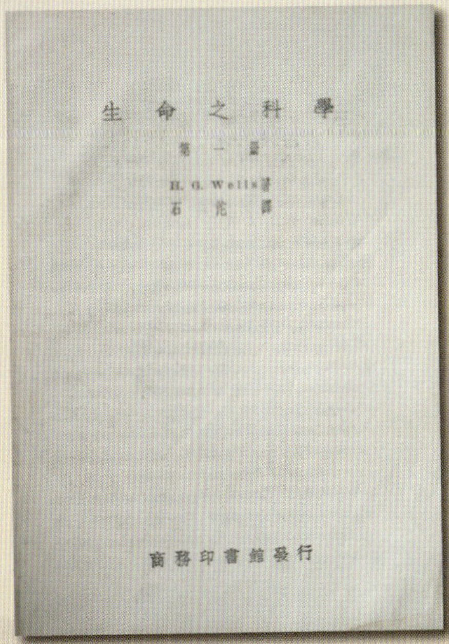

《生命之科学》

1924年5月，郭沫若翻译完成日本学者河上肇的《社会组织与社会革命》。其中的《社会革命与政治革命》、《社会革命与社会政策》等章，发表于上海《学艺》杂志1924年8月、12月。1925年5月，《社会组织与社会革命》单行本由上海商务印书馆出版发行。该书是他翻译的第一部学术专著，同时也对于他研究马克思主义社会科学理论产生了重要的影响。

《社会组织与社会革命》

郭沫若翻译作品 社会科学

1928年，郭沫若着手翻译马克思、恩格斯经典著作。其中《政治经济学批判》、《德意志意识形态》最终得以翻译完全，并出版。1931年12月，《政治经济学批判》由上海神州国光社出版。1938年11月，《德意志意识形态》由言行出版社出版。

《政治经济学批判》

《德意志意识形态》